古代歷史文化研究輯刊

十七編

王明蓀 主編

第 34 冊

道易惟器
——宋以來宮調理論變遷及與音樂實踐關係研究（下）

李宏鋒 著

國家圖書館出版品預行編目資料

道易惟器——宋以來宮調理論變遷及與音樂實踐關係研究
（下）／李宏鋒著—初版—新北市：花木蘭文化出版社，
2017〔民106〕
目 4+208 面；19×26 公分
（古代歷史文化研究輯刊 十七編；第 34 冊）
ISBN 978-986-404-974-5（精裝）
1. 宮廷樂舞 2. 音樂史 3. 宋代
618   106001498

ISBN-978-986-404-974-5

古代歷史文化研究輯刊
十七編　第三四冊　　　　　　ISBN：978-986-404-974-5

道易惟器
——宋以來宮調理論變遷及與音樂實踐關係研究（下）

作　　者　李宏鋒
主　　編　王明蓀
總 編 輯　杜潔祥
副總編輯　楊嘉樂
編　　輯　許郁翎、王筑　美術編輯　陳逸婷
出　　版　花木蘭文化出版社
社　　長　高小娟
聯絡地址　235 新北市中和區中安街七二號十三樓
　　　　　電話：02-2923-1455／傳眞：02-2923-1452
網　　址　http://www.huamulan.tw 信箱 hml810518@gmail.com
印　　刷　普羅文化出版廣告事業
初　　版　2017 年 3 月
全書字數　293402 字
定　　價　十七編 34 冊（精裝）台幣 68,000 元　　　　　版權所有‧請勿翻印

道易惟器
——宋以來宮調理論變遷及與音樂實踐關係研究（下）

李宏鋒　著

目次

上 冊

序：漫談音樂學理論與實踐的密切聯繫 ················ 1

緒 論 ············ 1

第一章 唐宋俗樂宮調理論的實踐基礎與基本
特徵 ············ 15

第一節 唐宋俗樂二十八調的管色實踐基礎 ········· 16

一、管色有「一定之音」使其成爲宮調應律
樂器首選 ········· 18

二、俗樂二十八調用音與管色譜字一致 ······· 22

三、管色應律指法爲二十八調呈現提供技術
保障 ········· 25

第二節 從「敦煌樂譜」及其它唐樂古譜譯解看
俗樂二十八調理論的若干問題 ········ 33

一、「七宮」還是「四宮」 ········· 34

二、敦煌樂譜中的「角調」音階及其應用 ······ 43

三、唐宋俗樂二十八調的音階形式 ········· 51

四、對俗樂二十八調宮調屬性的初步總結 ······ 59

第二章 唐宋俗樂二十八調及八十四調旋宮結
構的歷史淵源 ············ 63

第一節 上古至西周若干出土樂器的音列組合 ······ 64

一、遠古與商代吹奏樂器常見「二器並用」
現象 ········· 64

二、西周晚期中義鍾、柞鍾組合的旋宮實踐
推測 ········· 67

第二節 曾侯乙墓樂器的「陰陽旋宮」實踐 ········ 70

一、曾侯乙墓編磬、雙篪與雙簫的音律結構 ··· 71

二、曾侯乙墓編磬、雙篪與雙簫音列組合的
共性分析 ········ 75

三、曾侯乙編鍾上層鈕鍾編列及其與中、下
層甬鍾音列的關係 ········ 78

四、曾侯乙墓應律樂器的整體「陰陽旋宮」
思維 ········ 83

第三節 漢以來「陰陽旋宮」實踐及其對唐宋俗
樂調結構的影響 ············ 84

一、馬王堆漢墓出土瑟與雙笛的旋宮實踐 ······· 85

二、「陰陽旋宮」理念對唐宋宮調理論的
　　影響 ··· 90

三、「陰陽旋宮」樂學理念的傳統哲學基礎 ··· 100

第三章　俗樂宮調理論在兩宋時代的存續與變遷 · 103

　第一節　從管色樂器的宮調內涵看兩宋俗樂調名
　　　　　脫落 ·· 106

　　　一、歷史追溯：王麻奴、尉遲青鬥樂的宮調
　　　　　內涵 ·· 106

　　　二、宋代俗樂調名的脫落與實際應用 ········· 110

　第二節　兩宋俗樂宮調的音高變遷與音階並用 ···· 119

　　　一、音高標準變遷及其對俗樂宮調結構的
　　　　　影響 ·· 119

　　　二、兩宋俗樂宮調的音階變遷與並用 ········· 126

　第三節　俗樂宮調在「白石道人歌曲」等宋代
　　　　　詞樂編創中的應用 ························· 132

　　　一、姜白石詞樂創作概況 ······················ 134

　　　二、「白石道人歌曲」的字譜、宮調與音階
　　　　　應用 ·· 137

　　　三、《樂府混成集》殘譜的宮調問題 ········· 152

中　冊

第四章　《瑟譜・詩新譜》及元雜劇的宮調分佈
　　　　與應用 ·· 159

　第一節　熊朋來《瑟譜・詩新譜》的宮調應用
　　　　　特點 ·· 160

　　　一、熊朋來編訂《瑟譜》的基本意圖 ········· 161

　　　二、《瑟譜》定律與上古瑟律有天淵之別 ······ 164

　　　三、《瑟譜・詩新譜》宮調體系非屬唐宋
　　　　　俗樂二十八調系統 ························· 168

　　　四、《瑟譜・詩新譜》的宮調運用和創腔
　　　　　原則 ·· 177

　第二節　存見元雜劇折（齣）樂譜宮調的分佈
　　　　　與應用 ·· 188

第五章　元雜劇宮調的實踐基礎及外來文化對
　　　　傳統音階結構的影響……………………… 203
　第一節　元雜劇宮調的實踐基礎與樂學內涵……… 204
　　一、元雜劇宮調的管色實踐基礎……………… 207
　　二、七均傳統在元雜劇宮調的留存及其與
　　　　工尺七調的關係…………………………… 212
　　三、元雜劇各折（齣）宮調的調高連接與
　　　　調性佈局…………………………………… 225
　　四、元雜劇宮調煞聲內涵的延續與轉化……… 231
　第二節　宋元以來外來音樂文化對傳統音階結構
　　　　　的影響──以伊斯蘭音樂傳播對「變體
　　　　　燕樂音階」的影響為例………………… 241
　　一、「變體燕樂音階」源流及其與伊斯蘭
　　　　音樂傳播…………………………………… 244
　　二、北方「清羽」音級遊移與伊斯蘭信仰
　　　　分佈的關係………………………………… 252
　　三、伊斯蘭音樂影響宋元以來音律形態與
　　　　宮調結構的可能性探討…………………… 260
第六章　明代工尺唱名與調名體系的應用特徵…… 269
　第一節　明代音樂圖譜折射出的工尺唱名體系
　　　　　特徵…………………………………… 270
　　一、宋代以「合」為調首的固定工尺唱名
　　　　在明代的遺存…………………………… 271
　　二、明代以「尺」為調首的固定工尺唱名
　　　　傳統………………………………………… 278
　第二節　正宮調工尺調名系統及其在明代音樂
　　　　　實踐中的應用………………………… 289
　　一、關於正宮調（五字調）翻調系統的理論
　　　　總結………………………………………… 289
　　二、工尺字調定位尺──正宮調工尺調名體
　　　　系實踐應用的物證……………………… 300
　第三節　唐宋俗樂宮調在《魏氏樂譜》中的遺留
　　　　　與運用………………………………… 311
　　一、《魏氏樂譜》的譜字形式與樂器基礎…… 312
　　二、《魏氏樂譜》的宮調應用與借調記譜…… 320

下　冊

第七章　清代工尺唱名與調名體系的變遷與發展 · 337

第一節　明清戲曲傳承與轉型中工尺譜的作用及
　　　　首調唱名法的普遍應用 ················ 338

一、工尺譜在明代戲曲創腔機制中的地位與
　　作用 ·························· 339

二、明清戲曲傳承機制變遷對工尺譜運用及
　　唱名體系的影響 ················ 348

第二節　工尺七調系統的豐富發展與多類型並存 · 366

一、工尺七調系統的確立——以正宮調爲
　　基礎的調名體系及其訛變 ········· 369

二、工尺七調系統的演化之一——以小工調
　　爲基礎的調名體系及其訛變 ········· 373

三、工尺七調系統的演化之二——以乙字調
　　爲基礎的調名體系及其訛變 ········· 380

第三節　冀東嗩吶與智化寺京音樂的宮調內涵與
　　　　歷史淵源 ···················· 387

一、冀東嗩吶七調的樂學內涵與歷史淵源 ···· 388

二、智化寺京音樂四調邏輯結構及其與二十
　　八調的對應關係 ················ 394

三、明代工尺七調系統在智化寺京音樂中的
　　體現 ························ 403

結　論 ································· 413

附　錄 ································· 423

Ⅰ、曾侯乙墓出土雙篪的筒音音高分析 ·········· 425

Ⅱ、《瑟譜·詩新譜》解譯示例 ············· 429

Ⅲ、存見元雜劇折（齣）樂譜宮調與曲牌運用
　　情況統計表 ···················· 455

Ⅳ、現存元雜劇各折（齣）宮調應用統計表 ······· 471

Ⅴ、《魏氏樂譜》譯解 ················· 479

Ⅵ、圖片、表格、譜例目錄 ·············· 517

參考文獻 ······························ 523

後　記 ······························ 541

第七章　清代工尺唱名與調名體系的變遷與發展

　　入清以來，戲曲藝術在前代蓬勃發展的基礎上更爲繁盛，諸多異彩紛呈的新聲腔、新劇種紛紛登上舞臺。縱觀明清時代戲曲藝術的發展，大體經歷了三個階段。第一個階段從明初到嘉靖年間（1368～1566 年），此時期「傳奇」正式形成，以明「四大聲腔」爲代表的各種聲腔相繼出現。第二階段自明嘉靖末年到清乾隆初約二百年（1566～1750 年），此時北雜劇從舞臺上逐步消失，經過革新的崑山腔流行於戲曲舞臺並處支配地位。除崑山腔外，全國各地還有很多地方戲，有所謂清初「四大聲腔」之說。清乾隆、嘉慶時期（1750～1820 年）是第三階段，出現了「花部」與「雅部」爭雄的局面。花、雅之爭以雅部失敗告終，晉京的徽班藝人吸收「西皮」等聲腔創造出「皮黃」戲，逐步形成了後來的京劇。戲曲藝術發展的三個階段，均有其獨特的聲腔和劇種風格。其中第二階段由於經歷明清之際的朝代更迭與社會動盪，戲曲音樂在生存背景、傳承方式等方面的變革尤爲突出，由此導致傳統音樂主體風貌和形態特徵等發生重大變化。

　　具體到宮調理論方面，由於清代以來家樂戲班衰亡，依字行腔、詞樂曲唱傳統失落，工尺譜字逐漸成爲記錄唱腔旋律的必要手段，催生出大量以首調唱名爲主體的詞樂宮譜。工尺唱名法爲更好地服務聲樂唱腔，發揮戲曲音樂「備忘錄」作用，譜本出現大規模自固定調向首調轉換的情況。同時，爲確保唱腔演唱和創作時定調方便，工尺七調也在明代盛行的「正宮調系統」

基礎上，衍生出與之一致的「小工調工尺七調系統」。這種工尺譜字隨著演員嗓音的清濁流動爲首調唱名法的變化，實質是以笛上七調含糊湊合十二律的簡易辦法。〔註1〕那麼，服務於戲曲聲腔的「小工調工尺調名系統」是如何確立的？對應的主流工尺唱名系統，如何實現由固定調到首調的演變？與明清以來的音樂實踐存在怎樣的關係？本章擬從明代戲曲創腔體制、明清之際家樂戲班傳承方式變遷等方面，探討工尺譜在當時戲曲音樂傳承中的作用，以及由此引發的首調唱名法和小工調工尺調名系統的確立與原因。

與入清以來戲曲藝術蓬勃發展同時，傳統器樂合奏形式也日益豐富。樂種演出實踐對音樂理論的進一步需求，使工尺調名系統在清代漸趨豐富、完善，傳統音樂宮調理論體系基本完成由俗樂調向工尺調的演變，進入自身發展的新時期。針對清代以來不同樂種使用的多種工尺調名系統，本章將以明清工尺調名體系的歷史演變爲基礎，結合文獻記載和傳統樂種工尺調名遺存，探討多種工尺調名體系的形成原因，及其從「正宮調系統」到「小工調系統」再到「乙字調系統」的歷史演化與訛變情況，並以「冀東嗩吶七調」和「智化寺京音樂四調」爲例，展現當前傳統音樂不同工尺調名系統的樂學內涵，及其蘊含的宮調理論與文化變遷的深厚歷史信息，更爲深入地認知宋以來宮調理論的變遷和發展歷程。

第一節　明清戲曲傳承與轉型中工尺譜的作用及首調唱名法的普遍應用

工尺譜是我國傳統音樂的重要記譜形式之一，廣泛運用於明清以來歌曲、器樂、曲藝、戲曲等門類，其發展歷史與譜式記寫特點等問題向來爲學界關注。本著第六章曾從音樂理論與實踐關係角度，以明代相關音樂圖譜文獻及傳統音樂遺存爲基礎，通過份析梳理相關樂器音位及部份雅樂、俗樂曲譜等，探討明代音樂圖譜工尺唱名體系的若干特點，認爲：以「合」爲調首配黃鍾的固定工尺唱名體系，在明代雅樂等曲譜中仍見施用；明代俗樂實踐中所用工尺唱名的主體，則是以「正宮調（五字調）調名系統」爲基礎的固

〔註1〕黃翔鵬：《試從北轍覓南轅——絃管樂調歷史之謎的猜測》，原載黃翔鵬《中國人的音樂和音樂學》（音樂文集），濟南：山東文藝出版社，1997年；又見《黃翔鵬文存》（上冊），濟南：山東文藝出版社，2007年，第481頁。

定唱名。〔註2〕也就是說，目前所見明代工尺譜文獻呈現出的情況是，當時音樂實踐採用的並非工尺首調唱名系統，而是典型的固定調唱名法。

那麼，工尺譜首調唱名體系得以確立的原因何在？工尺首調唱名的確立與普遍應用到底在何時？工尺譜首調唱名與音樂實踐發展的互動關係如何？筆者認為，探討這些問題，不應脫離明清戲曲音樂發展的時代背景。引領一代音樂風尚的戲曲音樂的傳承與傳播，對工尺譜運用及唱名體系選擇具有重要影響。本節由此展開，試從追溯明中葉以來的戲曲創腔機制開始，通過對明清之際家樂戲班傳承方式變遷等情況的分析，論證工尺譜在明清戲曲音樂傳承與表演實踐中的地位與作用，以及清初以來首調唱名法在工尺記譜體系中得以確立並普遍應用的主要原因。

一、工尺譜在明代戲曲創腔機制中的地位與作用

宋代以後，中國音樂逐漸步入戲曲音樂為主導的時期。作為近古時代音樂藝術的主流呈現形式，戲曲音樂的傳承發展與變遷，對音樂記錄手段之一的工尺譜的應用具有不可忽視的影響。下面首先從「明代戲曲創腔機制」和「明代戲曲譜文獻」兩方面，考察工尺譜在明代戲曲創腔中的地位與作用。

1、明代戲曲創腔機制及其對樂譜的需求

兩宋以來，詞曲藝術突飛猛進，音韻學與詞曲的結合關係，日益為人們關注。音樂學家楊蔭瀏先生指出：「古今曲調中間，同類歌字，音調配合之精粗有。從這個事實，可以知道，古來度曲、填詞、配調的人們，明確地認識音韻學在歌曲上之重要性，並且充分地利用文字的聲、韻與調的三種因素，……到了準備成熟的時候，詞曲家對於音韻學，起了迫切的要求，乃親自參加音韻學的研究；曲韻的寫作，於是乎開始。」〔註3〕元代周德清的《中原音韻》（成書於 1324 年）就是在這一時代背景下，作為音韻與詞曲關係探討的重要成果呈現於世。繼之而起的，如元卓從之的《中州樂府音韻類編》（1351 年）、明洪武八年（1375 年）宋濂和樂韶鳳等奉旨編撰的《洪武正韻》、

〔註2〕 參見本文第六章論述，亦可見李宏鋒《明代音樂圖譜所見工尺唱名體系初探》，《星海音樂學院學報》2012 年第 3 期。

〔註3〕 楊蔭瀏：《中國音樂史綱》，載中國藝術研究院音樂研究所編《楊蔭瀏全集》（第 1 卷），南京：江蘇文藝出版社，2009 年，第 191 頁。

明朱權編的《瓊林雅韻》（1398 年）等曲韻書，不僅爲漢語音韻體系的完善作出貢獻，也是當時詞樂與戲曲唱腔作曲的重要參考。

重視音韻與音樂的關係，以唱詞音韻作爲創製曲調的重要參照，簡言之就是詞曲音樂中廣泛運用的「文爲主，樂爲從」的「依字行腔」傳統。音樂學家洛地先生曾指出：「我國的唱，可以大分爲兩類：一類是以文詞語音的平仄聲調化爲樂音的進行從而構成旋律；另一類是以一個穩定或基本穩定的唱調套唱各種平仄聲調不同的唱詞。」〔註4〕洛先生所歸納的第一類情況，就是古人所說的「曲唱」，亦即「依字行腔」。這種獨特的音樂創作方式，早在元雜劇時代便得到應用。戲曲理論家海震先生認爲，「依字行腔」的「曲唱」可能正是北曲雜劇的主要特點。「換句話說，北曲雜劇的演唱在總體上可能並不是以一支支基本穩定的曲調『套唱』各種不同的唱詞，而很可能是以唱詞的字調爲基礎，將唱詞語音的聲調化爲樂音進行，即以『依字行腔』的方式形成各種不同的唱腔。」〔註5〕

北雜劇中確立的這種創腔方式，在明代戲曲音樂中得到更爲廣泛的應用。雖然自《中原音韻》至明代曲韻，記聲、分韻、定調逐漸傾向於南音化，但「依字行腔」的創曲理念則一脈相承。明代沈寵綏（？～1645 年）《度曲須知》評說：

> 南有拍，北有弦，非不可因板眼緊慢，以逆求古調疾舒之候；北有《太和正音》，南有《九宮曲譜》，又非不可因譜上平仄，以逆考古音高下之宜。〔註6〕

在沈寵綏看來，古代的曲調，其節奏特徵可以從當下板眼的輕重緩急中得到反映；古代音樂的旋律，也可以根據《太和正音譜》、《南九宮曲譜》等唱詞格律譜的平仄標識，以「逆向考察」方式探尋。沈寵綏認爲可通過唱詞平仄「逆考古音高下之宜」，反映出明代曲家對詞曲關係的重視，也是明人諸多曲論在探討戲曲演唱問題時，少論旋律形態、多談字音格律的體現。例如，沈寵綏的《度曲須知》共三十六章，除兩章略論南北戲曲聲腔源流和絃律存亡問題、末兩章節引魏良輔和王驥德《曲律》外，其餘幾乎都是對南北戲曲

〔註4〕 洛地：《戲曲與浙江》，杭州：浙江人民出版社，1991 年，第 137 頁。
〔註5〕 海震：《戲曲音樂史》，北京：文化藝術出版社，2003 年，第 68 頁。
〔註6〕 〔明〕沈寵綏：《度曲須知》，《中國古典戲曲論著集成》（五），北京：中國戲劇出版社，1959 年，第 242 頁。

中唱詞格律的解說。王驥德《曲律》之「論平仄」、「論陰陽」、「論韻」、「論閉口字」等章節，朱權《太和正音譜》對北雜劇格律的詳細記述等，也莫不如此。

　　經過明代文人群體的再創造，戲曲創腔重視字調音韻的傳統，獲得進一步精緻化發展，魏良輔等人對崑山腔的改革尤爲突出。據沈寵綏《度曲須知》，經魏良輔等改革的崑山腔，「憤南曲之訛陋也，盡洗乖聲，別開堂奧，調用水磨，拍捱冷板，聲則平上去入之婉協，字則頭腹尾音之畢均，功深熔琢，氣無煙火，啓口輕圓，收音純細」。〔註7〕海震先生認爲：「所謂『盡洗乖聲』，是說將唱腔中與字調差異較大，容易引起聽者誤解的唱法逐一改過，使唱腔的曲調與字調之平上去入基本諧和。『調用水磨』，是指將唱詞中每一個字之『頭腹尾』依次唱出，『啓口輕圓，收音純細』，也與唱準字音有關。」〔註8〕魏良輔在《曲律》中，對這種旋律創制特點有如下描述：

　　　　五音以四聲爲主，四聲不得其宜，則五聲廢矣。平上去入，逐一考究，務得中正。如或苟且舛誤，聲調自乖，雖具繞梁，終不足取。〔註9〕

　　魏良輔改造、設計的崑山腔唱法，首先將唱詞音韻分解爲頭、腹、尾，之後採用依字行腔方法，將不同字調連接發展爲一句唱腔，也就是在準確掌握唱詞平仄字調的基礎上「化」出旋律，從而使唱腔曲調與詞調格律的結合更爲緊密。這種唱法不僅改變了舊有的崑腔唱法，更涉及到戲曲音樂構成原則的重大變革，使原來南北曲「曲牌聯綴」形式更爲靈活。原來南北曲較固定的曲牌音樂，由於按不同唱詞依字行腔，導致同一曲牌搭配不同唱詞時，旋律產生較大變化，進而在明代後期傳奇作品中出現大量「又一體」和「集曲」。正是水磨昆唱使單句成爲獨立的結構單位，導致了南北曲固有曲牌文體瓦解。〔註10〕此法經梁辰魚創作《浣溪沙》傳奇流行開來，廣泛應用於明代整本傳奇的戲場演出。

　　針對魏良輔改革對戲曲音樂的影響，沈寵綏《度曲須知》評論說：

〔註7〕　〔明〕沈寵綏：《度曲須知》，《中國古典戲曲論著集成》（五），北京：中國戲劇出版社，1959年，第198頁。

〔註8〕　海震：《戲曲音樂史》，北京：文化藝術出版社，2003年，第91頁。

〔註9〕　〔明〕魏良輔《曲律》，《中國古典戲曲論著集成》（五），北京：中國戲劇出版社，1959年，第5頁。

〔註10〕　參見洛地《戲曲與浙江》，杭州：浙江人民出版社，1991年，第335～336頁。

今之獨步聲場者，但正目前字眼，不審詞譜爲何事；徒喜淫聲聒耳，不知宮調爲何物。踵舛承訛，音理消敗，則良輔者流，固時調功魁，亦叛古戎首矣。〔註11〕

這段點評頗有微詞，可知崑山腔經魏良輔改革之後，曲牌原有的宮調、旋律等音樂特點，在明代崑腔演唱中已退居次要地位（雖部份得以保留），取而代之的是根據「依字行腔」法則對唱詞重新創腔。這就使曲牌原有宮調、旋律特徵，依附於唱詞格律而存在；記錄曲牌音調的樂譜，在戲曲傳承中也就不是必需之物了。

對於崑腔音樂以腔句爲基礎的獨特結構，洛地先生認爲「字腔」和「過腔」組合起來成爲「腔句」，是構成崑腔唱腔音樂的重要結構單位。這種獨特的創曲方法，致使崑腔音樂具有以下特點：（1）曲牌結束處，音樂並無任何表示結束的終止性結構，即唱腔的結束處、唱段的結束處與曲牌的結束處，在音樂結構上並無差異；（2）字腔、板眼、過腔三者構成腔句，字腔爲根本特徵，同結音、同（平仄）句式的腔句，都相雷同，相同的腔句可以演唱眾多曲牌中的文句；（3）板眼、平仄、句式、結音靈活運用，可使同一曲牌各腔句出現許多差異，不同的腔句可用在同一曲牌的演唱中；（4）唱段的每一腔句之後都可插入念白，使曲牌各文句在演唱中成爲一句句的畸零腔句。〔註12〕工於崑曲演唱的楊蔭瀏先生，曾根據古今曲家和吳畹卿的論曲之言，列出曲唱的「字調配音表」，並結合實例詳細剖析崑曲唱腔的配字原則。〔註13〕他還分析同一曲牌表達不同情感內容的現象，認爲這些與不同唱詞相配的曲牌變體，「是根據所須表達的新的內容的需要，採用一個曲牌形式，參考其原有樂曲，作自由的處理。它與原有樂曲之間的關係，若即若離；其適於表達內容者保留之，其不適宜者改變之或突破之。處理非常自由，改變的幅度可大可小，總之，以很好表達其所需內容爲目的。」楊先生還列舉北曲【喜遷鶯】曲牌的四種變異形式進行對比說明。〔註14〕

〔註11〕〔明〕沈寵綏：《度曲須知》，《中國古典戲曲論著集成》（五），北京：中國戲劇出版社，1959 年，第 242 頁。

〔註12〕參見洛地《詞樂曲唱》，北京：人民音樂出版社，1995 年，第 182 頁。

〔註13〕參見楊蔭瀏《中國音樂史綱》，載中國藝術研究院音樂研究所編《楊蔭瀏全集》（第 1 卷），南京：江蘇文藝出版社，第 201～225 頁。

〔註14〕楊蔭瀏：《中國古代音樂史稿》（下冊），北京：人民音樂出版社，1981 年，第 923～924 頁。

　　以上論述基於長期曲唱實踐和理論研討，為今人瞭解明代曲戲曲創腔機制提供了有益參考。我們從中不難體會，雖然從唱詞角度看，崑曲唱腔以曲牌為結構單位，但從音樂角度分析，其唱腔則以「腔句」為結構單位。事實上，單純從聽覺印象而言，很多崑曲曲牌都較相似，音樂上難說有多大差別。上海崑曲研習社研究組《崑曲曲調》一書就直言不諱地指出，聽崑曲《遊園》「一支支曲牌連接著唱，只覺得曲調相同，誰也分別不出【皂羅袍】和【好姐姐】來」〔註15〕。崑曲音樂的這一特點，與近代各地方小戲中的曲牌音樂構成迥然不同。

　　正是崑曲音樂的創腔特點，決定了樂譜在明代戲曲傳播中並非絕對必要；對於南北曲聲腔傳承而言，樂譜的作用是極為有限的。清人謝元淮在《碎金詞譜‧凡例》（成書於 1844 年）中說：

　　　　今譜工尺皆注本詞字右，乃此一詞之工尺，非此一調之工尺。

　　　學者於照依四聲陰陽字面填成一闋之後，必須招集知音另譜工尺，

　　　方能諧協。勿鼓膠柱之瑟也。〔註16〕

　　後世《碎金詞譜》在唱詞旁加注的工尺譜字，只是本首詞的「工尺」，並非這一曲牌（調）固定不變的「工尺」。如果人們按此曲牌填寫新詞，唱腔必須經請音樂內行對音韻格律細細考究重新擬定，否則便與「膠柱鼓瑟」、刻舟求劍無異。《碎金詞譜》中的工尺譜字只是特定詞曲樂譜「備忘錄」作用的體現，這與減字譜記錄古琴左右手指法與音位的作用如出一轍。清人葉堂《納書楹曲譜》（成書於 1792 年）中工尺譜的記寫也力求精簡，指出「板眼中另有小眼，原為初學而設，在善歌者自能生巧；若細注明，轉覺束縛，今照舊譜，悉不加入」〔註17〕，其緣由與謝元淮所論完全相同。事實上，清人在詞樂宮譜中加注工尺、板眼標記，不過是明代獨特戲曲傳承方式變革後，「不得已而為之」的變通之舉（詳下文）。

2、現存明代戲曲譜的音律記寫方式

　　明代戲曲的獨特創腔方式，使得工尺譜在當時戲曲文本中極少出現，這

〔註15〕 上海崑曲研習社研究組編：《崑曲曲調》，上海：上海文化出版社，1958 年，第 12 頁。

〔註16〕 〔清〕謝元淮：《碎金詞譜‧凡例》，清道光刻朱墨套印本，《續修四庫全書》（第 1737 冊）影印本，上海：上海古籍出版社，2003 年，第 13 頁。

〔註17〕 〔清〕葉堂：《納書楹曲譜‧凡例》，清乾隆納書盈刻本，《續修四庫全書》（第 1756 冊）影印本，上海：上海古籍出版社，2003 年，第 244 頁。

可從保存至今的明代戲曲譜窺知一二。

例如，明初朱權編撰的《太和正音譜》，是目前所見最早的北雜劇曲譜。該書成於明洪武三十一年（1398 年），依據北曲的黃鍾、正宮、大石調、小石調、仙呂、中呂、南呂、雙調、越調、商調、商角調、般涉調十二宮調，分類列舉了 355 種曲牌，並在唱詞左側詳細標注四聲平仄、正字、襯字等信息，但並無表示唱腔旋律的工尺譜字，其「譜式」如下（圖 7－1）：〔註 18〕

圖 7－1：《太和正音譜》（卷上）之大石調詞譜

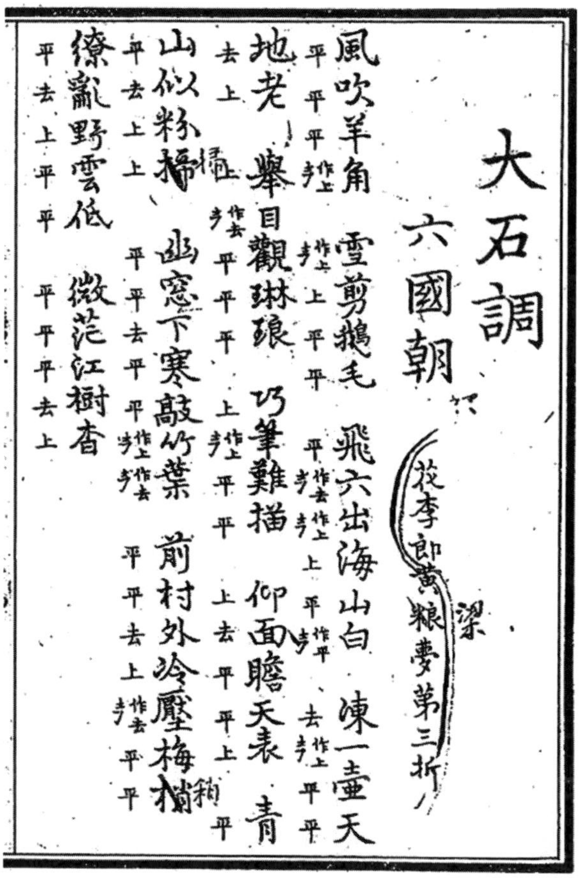

明代中葉刊行的「說唱詞話和傳奇刻本」，係上海嘉定 1967 年出土，為成化七年至成化十四年（1471～1478 年）北京永順堂刻印。其中的十六種說

〔註18〕 〔明〕朱權編：《太和正音譜》（卷上），明洪武間原刻本，輯入《涵芬樓秘笈》（第九集），上海：商務印書館，1920 年影印。

唱詞話，也僅記錄說唱曲詞（有「白」、「說」、「唱」等標識），並無樂譜符號；書末南戲《新編劉知遠還鄉白兔記》，是目前所見最早南戲刻本，全譜除記錄唱詞外，另有曲牌名、演唱角色、襯詞等信息，但同樣沒有工尺譜字，其「譜式」概貌如下（圖7-2）：〔註19〕

圖7-2：《明成化說唱詞話叢刊》之《白兔記》詞譜

這種譜式在明代十分常見，是當時戲曲及曲藝的主要記寫形式。至萬曆年間（1573～1620年），沈璟編撰的《增訂南九宮曲譜》，每支曲牌除標明正字、襯字、四聲平仄外，還用「。」和「、」標於唱詞右側，作為板眼標記，工尺譜節奏符號在戲曲譜中得以運用，但依然沒有表示明確旋律的音高譜字，其「譜式」如下（圖7-3）：〔註20〕

〔註19〕　《明成化說唱詞話叢刊》（十六種附白兔記傳奇一種），上海：上海文管會、上海博物館影印，1973年。

〔註20〕　〔明〕沈璟編：《增訂南九宮曲譜》，明末永新龍驤刻本，見王秋桂主編《善本戲曲叢刊》（第三輯），臺北：學生書局，1984年。

圖 7－3：《增訂南九宮曲譜》之小石調詞譜

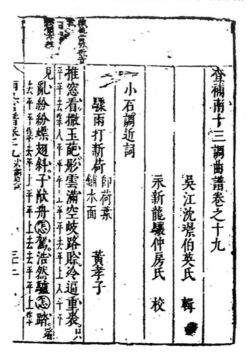

戲曲譜中不記工尺譜字的現象，直至明末清初沈自晉編的《南詞新譜》、徐子室編的《南曲九宮正始》、張大復編的《寒山堂曲譜》等，一直未發生變化。雖然「說有易，說無難」，但通觀現存的明代戲曲譜資料，我們仍可大致得出如下結論：明代戲曲的記寫文本，主要以記錄唱詞為主，同時重視唱詞平仄、格律和詞逗；標示明確旋律進行的上、尺、工、凡、六、五、乙等工尺譜字，並非當時戲曲譜式必需。

這種唱腔記錄方式，一方面與前文所述明代戲曲「依字行腔」的獨特創腔方式密切相關，另一方面，也可能當時戲曲中常用的曲牌曲調，早已為從業人員（包括文人、曲師和演員等）爛熟於心，無需單獨標記，相比之下唱詞格律更需引起人們特別注意。人們在創作或演唱時所關注的，是如何「字正腔圓」地呈現唱詞內容，且不同流派、不同演員在表演同一首作品時會有不同風格處理，若處處標記工尺譜字將旋律「定死」，反而束縛了演員二度創作。多種因素綜合作用，決定工尺譜字的旋律標識功能，在明代戲曲創作與演唱中的作用極為有限，以致幾乎無片紙唱腔工尺譜存留至今。

工尺譜雖然在當時戲曲唱腔創承中作用有限，但用於戲曲器樂伴奏，則

在情理之中。魏良輔《曲律》在論述崑腔管絃伴奏時說：

> 絲竹管絃，與人聲本自諧合，故其音律自有正調，簫、管以工
> 尺麗詞曲，猶琴之勾剔，以度詩歌也。〔註21〕

這裡明確指出，用於崑腔伴奏的簫、管樂器「以工尺麗詞曲」，即用特定的旋律襯託詞曲演唱。雖然這裡的「工尺」二字，並非確指戲曲伴奏工尺譜，但至少說明笛師採用工尺譜的可能。明沈德符《顧曲雜言》「笛曲」一節，對工尺譜字也有論說：

> 今按樂者，必先學笛曲，如五、凡、工、尺、上、一之屬，……
> 今樂家傳習數字，如律詩之有四韻、八句，時藝之有四股、八比，
> 普天下不能越，獨昧其本始也。〔註22〕

笛是明代崑腔伴奏的主奏樂器。一名優秀曲師在學藝之初，必須先從笛曲學起；而當時記錄笛樂的最好方式，非工尺譜莫屬。此外，爲使家伎藝術修養更爲全面，明代一些家樂戲班，也有在學習演唱前先學樂器的做法，朱雲崍家班的訓練方式就是如此。明張岱《陶庵夢憶·朱雲崍女戲》載：

> 朱雲崍教女戲，非教戲也。未教戲，先教琴，先教琵琶，先教提
> 琴、弦子、簫管、鼓吹、歌舞，借戲爲之，其實不專爲戲也。〔註23〕

無論曲師還是女樂，他們在樂器方面的基礎訓練，應該有工尺譜或其它樂譜（如琴譜等）參照。當時的琵琶、簫、管等樂曲多用工尺譜記錄：琵琶譜形式可以明代琵琶譜《高和江東》（明嘉靖抄本）之《清音串》爲參照〔註24〕，笛簫譜式可從存留至今的《清江引》等樂譜窺見一斑。〔註25〕工尺

〔註21〕〔明〕魏良輔：《曲律》，《中國古典戲曲論著集成》（五），北京：中國戲劇出版社，1959 年，第 7 頁。

〔註22〕〔明〕沈德符：《顧曲雜言》，《中國古典戲曲論著集成》（四），北京：中國戲劇出版社，1959 年，第 216～217 頁。

〔註23〕〔明〕張岱：《陶庵夢憶·朱雲崍女戲》卷二，上海：上海古籍出版社，1982 年，第 13 頁。

〔註24〕《高和江東》琵琶譜相關情況，參見林石城《一份珍貴的琵琶古譜〈高和江東〉》，《中央音樂學院學報》1981 年第 4 期；《高和江東》琵琶譜，參見中國藝術研究院音樂研究所藏影印本。

〔註25〕《清江引》工尺譜，見〔明〕徐會瀛輯《新鍥燕臺校正天下通行文林聚寶萬卷星羅》，北京圖書館古籍出版編輯組編《北京圖書館古籍珍本叢刊》（76），北京：書目文獻出版社，據明萬曆樹林余獻可刻本影印，1995 年。相關譯譜可參見本著第六章第二節，另見李宏鋒《明代音樂圖譜所見工尺唱名體系初探》，《星海音樂學院學報》2012 年第 3 期，第 18 頁。

譜在當時戲曲傳承中，擁有記錄音高的基礎作用，是笛色演奏者初學的必備之階。只不過在掌握基本曲牌旋律後，演奏者便需關注戲曲唱詞平仄格律，以便更好地烘托演員「細膩水磨」般的依字行腔。

琵琶譜《高和江東》為典型的固定音位記譜，屬固定調唱名體系；明代俗樂笛色工尺譜，採用「以『尺』為調首的固定工尺唱名系統」，這一點不僅在明代笛樂圖譜中有明確體現，在朱載堉《律呂精義》外篇卷四中也有記述。〔註26〕這些情況說明，工尺譜首調唱名體系，在明代戲曲演唱及器樂伴奏中，並未得到較廣泛的應用。

二、明清戲曲傳承機制變遷對工尺譜運用及唱名體系的影響

明代戲曲獨特的創腔體制，決定其重視唱詞平仄格律，工尺譜在唱腔創作與傳承中不占主要地位。正是這一因素，導致崑腔雖然在明中後期非常流行，但卻幾乎沒有唱腔工尺譜傳世。那麼？為何自清代初年起，戲曲記寫開始採用工尺譜字？為何清乾隆之後大規模戲曲工尺譜奔湧而出，終致有清一代戲曲工尺譜蔚為大觀呢？筆者認為，這與明清之際戲曲傳承機制的變遷密切相關。

1、工尺譜在明代家樂戲班傳承實踐中的作用

明代戲曲注重唱詞格律的獨特創腔方式，有著戲曲傳承方式的強大支撐。明朝開國初，統治者出於個人喜好和政治教化需要，推崇戲曲藝術，作為給賜藩王的必備之資。《李開先集·張小山小令後序》載：「洪武初年，親王之國，必以詞曲一千七百本賜之。」〔註27〕《續文獻通考·樂考》論及明初賜諸王樂戶制度時亦云：「樂工二十七戶，原就各王境內撥賜，便於供應。今諸王未有樂戶者，如例賜之，有者仍舊，不足者補之。」〔註28〕各地藩王為表明對王室忠心，競相豢養家樂以示「玩物喪志」。這種政治風向，就「造成了我國豪門仕宦家樂以演出戲曲為主要內容的明確轉變，……在明代諸藩王中就形成一種傳統，配置家樂戲班便成了必備之事。」〔註29〕

〔註26〕參見本著第六章第一、二節，另見李宏鋒《明代音樂圖譜所見工尺唱名體系初探》，《星海音樂學院學報》2012年第3期。

〔註27〕〔明〕李開先：《李開先集·閒居集之六》（上冊），北京：中華書局，1959年，第370頁。

〔註28〕〔明〕王圻：《續文獻通考·樂考》卷一百四，《萬有文庫》本，上海：商務印書館，1936年，第3719頁。

〔註29〕張發穎：《中國家樂戲班》，北京：學苑出版社，2002年，第14～15頁。

上有所好，下必甚焉。明代統治者推崇戲曲，直接導致仕宦富豪爭相豢養戲班。明代一般仕宦豪門蓄養的家樂戲班，「初見記載者如嘉、乾間陝西之康海、王九思；山東之李開先；江南的葛救民、顧惠岩、何元朗、祝允明、文徵明等。至隆、萬間後，養家班之風大熾，尤以江浙一帶及其左近之仕宦豪門爲盛」。〔註30〕

明代林林總總的家樂戲班，是戲曲傳播的主要群體。這些戲班演出、傳承戲曲的方式，對創腔和曲譜運用有著決定性影響。明末清初戲劇家李漁的《比目魚》傳奇，記述了當時戲班招生、訓練等情景，可視爲明以來家樂戲班活動的縮影，其活動可大致分爲「招收童優」、「請教師」、「拜師」、「祭二郎神」、「開班」、「分配角色」、「散發腳本」、「背誦戲詞」等步驟。〔註31〕

戲班班主將童優招來後，要聘請教師開班授課。所聘教師大致分兩類，一類爲稍通文理的專業樂師，負責訓練童優聲樂技巧；另一類爲精通曲詞格律的文人墨客，指導他們按格律度曲。李漁《閒情偶寄》載：

> 故延優師者，必擇文理稍通之人，使閱新詞，方能定其美惡。又必藉文人墨客參酌其間，兩議僉同，方可授之使習。此爲主人多冗，不諳音樂者而言。若係風雅主盟，詞壇領袖，則獨斷有餘，何必知而故詢。〔註32〕

關於戲曲角色分配、發音及表演儀態訓練等原則與方法，《閒情偶寄・歌舞》中有專門記載。其中著重論述演員的吐字發音訓練，爲瞭解當時唱腔教授提供了直接材料，其文曰：

> 二曰正音。正音維何？察其所生之地，禁爲鄉土之言，使歸《中原音韻》之正者是已。鄉音一轉而即合昆調者，惟姑蘇一郡。一郡之中，又止取長、吳二邑，餘皆稍遜，以其與他郡接壤，即帶他郡之音故也。即如梁溪境內之民，去吳門不過數十里，使之學歌，有終身不能改變之字，如呼酒鍾爲「酒宗」之類是也。……平仄陰陽既諧，使之學曲，可省大半工夫。〔註33〕

〔註30〕 張發穎：《中國家樂戲班》，北京：學苑出版社，2002年，第10頁。

〔註31〕 參見〔清〕李漁《比目魚》傳奇，收入《李漁全集》第五卷《笠翁傳奇十種》（下），杭州：浙江古籍出版社，1991年。

〔註32〕 〔清〕李漁：《閒情偶寄・演習部・選劇第一》卷二，北京：中華書局，2007年，第103頁。

〔註33〕 〔清〕李漁：《閒情偶寄・聲容部・習技第四》卷三，北京：中華書局，2007

明代戲曲訓練高度重視語音格律規範，「正音」可謂學戲的首要任務。對於如何正音改字，李漁也給出了具體方法：

> 正音改字，切忌務多。聰明者每日不過十餘字，資質鈍者漸減。每正一字，必令於尋常說話之中，盡皆變易，不定在讀曲念白時。若止在曲中正字，他處聽其自然，則但於眼於依從，非久復成故物，蓋藉詞曲以變聲音，非假聲音以善詞曲也。〔註34〕

進入曲目、劇目學習後，伶人的首要任務就是背唱腳本。李漁《比目魚》傳奇第十齣「改生」，有對當時戲班考核的生動描述：

> （小生）你們把念過的腳本都拿上來，待我信口提一句，就要背到底。背得出就罷，背不出的都要重打。
>
> ……
>
> （外送腳本介）學生只念得兩本，雖不叫做熟，也還勉強背得來。
>
> （小生看介）「風塵暗四郊」，這是那一本上的？叫做甚麼曲牌名？
>
> （外）這是《紅拂記》上的，牌名叫做【節節高】。
>
> （小生）背來。
>
> （外照舊曲唱介）
>
> （小生）去罷。〔註35〕

考核方式是：教師任意提出腳本中的一句，學生回答該句的劇目出處和所屬曲牌，並根據之前教師傳授，將這一曲牌完整地唱出。戲班班主要求十分嚴格，對沒有按時完成背唱任務的學友，要重重責罰。《比目魚》第十齣中的丑角，就因為沒有背熟腳本且百般抵賴，遭到老師毒打，並說：「且饒你幾板，以後再背不出，活活的打死。」〔註36〕

童優的戲文學習大致如此，他們的唱腔學習方式又是怎樣？李開先《詞謔‧詞樂》記載了曲師周全的教學方法：

年，第 188～189 頁。

〔註34〕 〔清〕李漁：《閒情偶寄‧聲容部‧習技第四》卷三，北京：中華書局，2007年，第 190 頁。

〔註35〕 〔清〕李漁：《李漁全集》第五卷《笠翁傳奇十種》（下）之《比目魚》，杭州：浙江古籍出版社，1991 年，第 133 頁。

〔註36〕 〔清〕李漁：《李漁全集》第五卷《笠翁傳奇十種》（下）之《比目魚》，杭州：浙江古籍出版社，1991 年，第 134 頁。

徐州人周全，善唱南北詞。……曾授二徒，一徐鎖，一王明，皆兗人也，亦能傳其妙。人每有從之者，先令唱一兩曲，其聲屬宮屬商，則就其近似者而教之。教必以昏夜，師徒對坐，點一炷香，師執之，高舉則聲隨之高，香住則聲住，低亦如之。蓋唱詞惟在抑揚中節，非香，則用口說，一心聽說，一心唱詞，未免相奪；若以目視香，詞則心口相應也。〔註37〕

周全選擇在夜間授曲，用香火高低指示旋律起伏。之所以采用「焚香顧曲」之法，目的是使學習者全部精力集中於唱曲之上。如此教學環境與方式，樂譜在其中並非必需。明人張大復《梅花草堂筆談・梁顧》，還記載了梁辰魚教人度曲之法：

往見梁伯龍教人度曲，爲設廣床大案，西向坐，而序列之。兩兩三三，遞傳疊和。一韻之乘，舮罕如約。爾時騷雅大振，往往壓倒當場。其後則顧靖甫掀髯徵歌，約束甚峻，每雙環發韻，命酒彌連頤。〔註38〕

在這種「設床案授曲」的方式中，我們同樣未看到樂譜使用。事實上，從傳統音樂歷史悠久的口傳心授方式看，無論「焚香顧曲」還是「廣設床案」，都是師徒面對面「心授」或「口傳」的表現形式，口傳心授是當時伶人學習唱腔的主要方式。在這樣的傳授過程中，不僅幾乎不存在伶人自己讀譜學唱的可能，即便在師徒交流中，樂譜的作用也極爲有限。明代康海擁有水平很高的家樂戲班，人稱「康家班」，其每有新作問世，他的兩位青衣都能根據唱詞平仄，很快敷衍成曲且「合宮葉調，予未嘗不撫掌私慶也」〔註39〕。可見，依字行腔、爛熟曲牌格律，是當時戲曲從業者必備的基本技能。

明魏良輔在談到學習唱曲的方法和步驟時說：「初學，先從引發其聲響，次辨別其字面，又次理正其腔調。」又說「曲有三絕，字清爲一絕，腔純爲一絕，板正爲一絕」，將字調聲腔視爲演唱成功的關鍵，認爲「如或苟且舛

〔註37〕　〔明〕李開先：《詞謔・詞樂》，《中國古典戲曲論著集成》（三），北京：中國戲劇出版社，1959年，第353頁。
〔註38〕　〔明〕張大復：《梅花草堂筆談・梁顧》，《筆記小說大觀》（第32冊），揚州：江蘇廣陵古籍刻印社，1983年，第262頁。
〔註39〕　〔明〕康海：《〈泝東樂府後錄〉序》，載康海《對山集》卷十，《四庫存目叢書》（第52冊），濟南：齊魯出版社，1997年，第391頁。

誤，聲調自乖，雖具繞梁，終不足取。其或上聲扭作平聲，去聲混作入聲，交付不明，皆做強賣弄之故，知者辨之」。〔註40〕這種強調腔詞格律的觀念，使唱詞平仄聲調對唱腔音樂形態擁有決定性影響，伶人因此擁有很強的創腔能力，他們懂字韻、創聲調，又有文人墨客釐正格律，完全不必處處以樂譜為準。這種情形，恰如王季烈《螾廬曲談》所言：「崑曲盛行，士大夫多明音律，而梨園中人，亦能通曉文義，與文人相接近。其於製譜一事，士人正其音義，樂工協其宮商，二者交資，初不視為難事。是以新詞甫就，只須點明板式，即可被之管絃，幾不必有宮譜。」〔註41〕

明代戲曲音樂的創腔及傳承方式，在當時「曲論」中也有反映。海震先生曾指出，「作曲」一詞在明王驥德的《曲律》中多次出現，但涵義基本都是「寫作劇本」，特別是寫作劇本中的曲詞，即「作詞」。「『詞』、『曲』二字的意思常常是相通的。如明人徐渭所著的《南詞敘錄》，實際是記述和分析南曲戲文的著作。編輯於清代的《新定九宮大成南北詞宮譜》，實際是南北曲樂譜集。」明清戲曲論著中的這種特點，正是「崑腔曲調係在唱詞語調基礎上衍展而成」這種音樂創承體制的體現。「明代沒有戲曲工尺譜傳世，曲論著作中常有大量篇幅講演唱者語音，應該都與此有關。」〔註42〕

明代崑腔之外的其它唱腔劇種，在傳承、演唱過程中是否有樂譜使用？答案似乎也是否定的。以發展相對完善、藝術水平較高的弋陽腔而言，據清人李調元《劇話》記載，其「向無曲譜，只沿土俗，以一人唱而眾和之」〔註43〕。弋陽腔情況如此，當時其它聲腔情況不難想見。

2、清代家樂戲班衰微對工尺譜運用及唱名體系的影響

工尺譜（包括其它樂譜形式）在明代戲曲活動中較少應用，但至清代尤其乾隆之後卻大量出現，其緣由與入清以來家樂戲班衰微和由此帶來的戲曲

〔註40〕〔明〕魏良輔：《曲律》，《中國古典戲曲論著集成》（五），北京：中國戲劇出版社，1959年，第5頁。

〔註41〕王季烈：《螾廬曲談》卷三「論譜曲」，見《集成曲譜・玉集》卷一，上海：商務印書館，1925年，第6頁。按，王季烈所謂的「宮譜」，即「旁注工尺板眼，使度曲家奉為圭臬者」。

〔註42〕參見海震《戲曲音樂史》，北京：文化藝術出版社，2003年，第126～128頁。

〔註43〕〔清〕李調元：《劇話》，《中國古典戲曲論著集成》（八），北京：中國戲劇出版社，1959年，第46頁。

傳承機制變遷密切相關。明朝覆滅，使原來蓄養家樂戲班的仕宦之家生活方式驟然改變。新入主中原的滿族統治者，出於鞏固政權考慮，大力提倡程朱理學，嚴禁滿漢官員蓄養家樂戲班。清雍正二年（1724 年）十二月二十八日上諭曰：

> 外官蓄養優伶，殊非好事……按察使白洵終日以笙歌為事，諸務俱以廢弛……家有優伶，既非好官。著督撫不時訪查，至督撫提鎮若家有優伶，指明秘摺奏聞。〔註44〕

至乾隆時期，嚴禁官員蓄養優伶的禁令絲毫沒有放鬆。王先謙《東華續錄・乾隆七十》載：

> 朕恭閱皇考諭旨，有飭禁外官蓄養優伶之事，聖諭周詳。……何以近日尚有揆義託黃肇隆代買歌童之事。……著通諭直省督撫藩臬等，各宜正己率屬，於曾奉禁之事，實力遵行，毋稍懈忽。若再不知警悟，甘蹈罪愆，非特國法難寬，亦天鑒所不容矣。〔註45〕

仕宦豪門蓄養家樂誤政誤國，明代士人早有批判。顧炎武《日知錄・家事》指出：「今日士大夫才任一官，即以教戲唱曲為事，官方民隱，置之不講，國安得不亡，身安得無敗？」〔註46〕入清以來，統治者除軍事打擊明政權外，又在文化上通過「文字獄」等舉措將士子充軍流放（所謂「江南才士半遼陽」），經濟上通過「江南賦稅奏銷案」之類舉措，令明時江南有錢階層元氣大傷，甚至傾家蕩產。種種因素綜合，使明代極盛的家樂戲班逐漸式微。〔註47〕

清代家樂戲班衰落，還與雍正時廢除樂籍制度有關。據項陽先生《山西樂戶研究》研究，雍正元年（1723 年）三月，御史年熙出於對樂戶境遇的同情，上摺建議廢除樂籍制度。四月，雍正皇帝批准此提案，《世宗聖》卷六載：「朕以移風易俗為心，凡習俗相沿，不能振發者，咸與以自新之路。如山西之樂戶，浙江之惰民，皆除其賤籍，使為良民，所以屬廉恥、廣風化也。」

〔註44〕〔清〕允祿等編：《雍正上諭內閣》，浙江書局，清光緒二十一年刊本。
〔註45〕〔清〕王先謙：《東華續錄・乾隆七十》，《續修四庫全書》（第 373 冊）影印本，上海：上海古籍出版社，2003 年，第 249 頁。
〔註46〕〔明〕顧炎武：《日知錄・家事》，上海：上海古籍出版社，2006 年，第 798 頁。
〔註47〕以上關於入清以來家樂戲班漸趨衰落的論述，參見張發穎《中國家樂戲班》，北京：學苑出版社，2002 年，第 56～58 頁。

隨後朝廷根據雍正皇帝諭旨，制定明確條例，令「各省樂籍，並浙省惰民、丐戶，皆令確查削籍，改業爲良」（《雍正會典・刑部》）。國家從制度上根本廢除樂籍制度，使這一龐大的賤民群體重獲正常生存權，得到從業者熱烈擁護。〔註48〕軍事、經濟、文化上打擊明代仕宦豪族，制度層面解禁樂戶群體，使明代家樂戲班繁盛景象一去不返。事實上，有清一代「除了揚州鹽商和一些皇家宗室王公仍然蓄養，一線餼羊，直至清末外，其它仕宦人家就不再蓄養家樂戲班了。」〔註49〕

滿清入關以來百年間，傳統戲班生存方式發生巨大變遷。演員失去原有恩主蔭蔽，失去大批文人墨客參與，直接導致崑腔創作與傳承機制改變。由于伶人文化修養的局限，在缺乏文人面對面指導字音、格律的情況下，「依字行腔」、「依字創腔」的傳統方式讓演員無所適從，原來的平仄格律譜宛若天書。他們多不具備單憑格律譜創腔的才能，因而要求在戲曲文本中添加必要的音高因素，使唱腔旋律有矩可循。由此，工尺譜自然被引入戲曲文本，成爲原有格律譜的必要補充，甚至最終將平仄格律標記取而代之，成爲戲曲唱腔的主要記寫形式。這種情況誠如王季烈先生所言：「（入清以來）作傳奇者，不能自歌，遂多不合律之套數。而梨園子弟，識字者日少，其於四聲陰陽之別，更無從知。於是非有宮譜，不能歌唱矣。」〔註50〕

清初戲曲譜式這種變化，在乾隆九年（1744年）成書的《新定九宮大成南北詞宮譜》（以下簡稱「九宮大成」）中有明確體現。《九宮大成・凡例》說：「舊譜不定工尺，今俱譜出。」又說：「今悉依宮調以定腔板，或轉因腔板以正宮調。腔之高下按以工尺，而腔之遲疾限以板眼。既考歷來相傳之成規，復參以國工修改之新法。」〔註51〕可知，《九宮大成》編纂時依據的舊代曲書，多沒有工尺譜字；編者遵循「歷來相傳之成規」和「國工修改之新法」，據戲曲創腔傳統和樂工實踐詳加整理，爲各曲添加工尺。至於《九宮大成》編者爲何要在原有格律譜中添加工尺，這與當時文人的詞樂修養和不盡人意的度

〔註48〕 參見項陽《山西樂戶研究》，北京：文物出版社，2001年，第34～35頁。
〔註49〕 張發穎：《中國家樂戲班》，北京：學苑出版社，2002年，第10頁。
〔註50〕 王季烈：《螾廬曲談》卷三「論譜曲」，見《集成曲譜・玉集》卷一，上海：商務印書館，1925年，第6頁。
〔註51〕 〔清〕周祥鈺等：《新定九宮大成南北詞宮譜・北詞凡例》，古書流通處1923年影印清乾隆十一年刻本，《續修四庫全書》（第1753冊）影印本，上海：上海古籍出版社，2003年，第615、622頁。

曲現狀相關。

　　周祥鈺等《九宮大成》「序言」指出，詞曲音樂「音分平仄、字判陰陽，其理至微，其用不易」。而當時文人士大夫，「或識謝周郎而罔能顧曲，或溺於辭藻而不解宮商。……分平仄者十得八九，辨陰陽者十無二三，無怪乎音律之學愈微而愈晦也」。〔註52〕《九宮大成・凡例》進一步論道：

　　　　元周德清《中原音韻》，入聲分隸平、上、去三聲之內，可謂得其梗概，但止於平聲分陰陽，而上、去不分，尚欠精析。今譜以工尺，陰陽自分。知音者宜辨諸舌唇齒齶之間，用以輔《中原音韻》之所未逮也。〔註53〕

　　原來的格律譜據《中原音韻》籠統標注平仄，只能分別出平聲的陰陽聲調，上聲和去聲的陰陽缺乏標識。為便於當代人理解、運用，《九宮大成》編者在唱詞旁添加工尺譜字，使各字、各聲的陰陽調值得以準確呈現（圖7－4）。這是歷經清初戲曲傳承機制變革後，曲家對明代格律譜的進一步細化，也是《九宮大成》引入工尺譜字的重要原因。

　　細考《九宮大成南北詞宮譜》各曲工尺譜字不難發現，其絕大多數採用「首調唱名」，且不標調高（工尺七調名稱）。關於這一點，《九宮大成・凡例》說：

　　　　近代皆用工尺等字以名聲調。四字調乃為正調，是譜皆從正調而翻七調。七調之中，乙字調最下，上字調次之，五字調最高，六字調次之。今度曲者用工字調最多，以其便於高下。惟遇曲音過抗，則用尺字調或上字調；曲音過衰，則用凡字調或六字調。今譜中仙呂調為首調，工尺調法，七調具備。下不過乙，高不過五，旋宮轉調，自可相通，抑可便俗。以下各宮調，俱從正調出。〔註54〕

〔註52〕　〔清〕周祥鈺等：《〈新定九宮大成南北詞宮譜〉序言》，古書流通處1923年影印清乾隆十一年刻本，《續修四庫全書》（第1753冊）影印本，上海：上海古籍出版社，2003年，第608頁。

〔註53〕　〔清〕周祥鈺等：《新定九宮大成南北詞宮譜・北詞凡例》，古書流通處1923年影印清乾隆十一年刻本，《續修四庫全書》（第1753冊）影印本，上海：上海古籍出版社，2003年，第620～621頁。

〔註54〕　〔清〕周祥鈺等：《新定九宮大成南北詞宮譜・北詞凡例》，古書流通處1923年影印清乾隆十一年刻本，《續修四庫全書》（第1753冊）影印本，上海：上海古籍出版社，2003年，第623頁。

圖 7－4：《新定九宮大成南北詞宮譜》之「仙呂宮引」譜式〔註 55〕

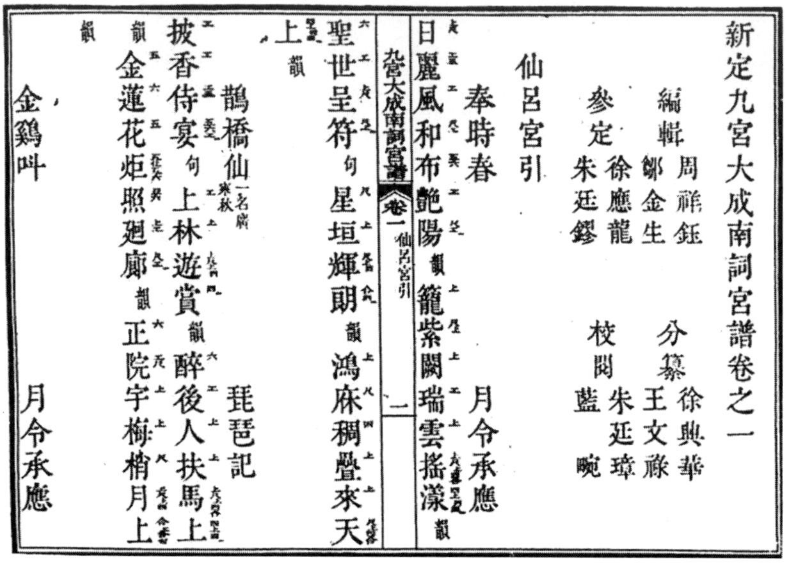
新定九宮大成南北詞宮譜卷之一
編輯 周祥鈺 鄒金生 分纂 徐興華 王文祿
參定 徐應龍 朱廷璋 朱廷鏐 校閱 藍畹
仙呂宮引
奉時春 月令承應
日麗風和布艷陽 韻 籠紫闕瑞雲搖漾 韻
聖世呈符 句 星垣輝朗 韻 鴻庥稠疊來天上 韻
九宮大成南詞宮譜 卷一 仙呂宮引 一
鵲橋仙 一名廣寒秋 琵琶記
披香侍宴 句 上林遊賞 韻 醉後人扶馬上 韻
金蓮花炬照迴廊 韻 正院宇梅梢月上 韻
金鷄叫 月令承應

值得注意的是，雖然《九宮大成》不記工尺調名，而是讓演唱者根據曲調音域的「抗」（偏高）和「衰」（偏低），以及自身嗓音條件酌情選擇，但這並不意味著戲曲演員在調高選擇上可任意妄爲。相反，這種具有音高模糊性的首調記譜，恰恰要求演唱、演奏者必須通曉一定的宮調理論，通過對樂曲音樂特徵的綜合判斷，得出恰如其分的調高選擇。清初方成培在《香研居詞麈》（乾隆四十二年序，1777 年）中，對當時「視曲調高低而自由定調」做法的評述可以爲證：

> 《大成》所言「視曲之高下，而用某字調度之」，近世知音者，皆是如此。然其實如無星之秤。以意揣量輕重，必要曉得古人六十調起調畢曲，十二律住字管色，始爲規矩方員之至。〔註 56〕

方成培將沒有調高規定的首調工尺譜，比喻爲「無星之秤」，可謂知音達樂之論。事實上，在戲曲演唱實踐中，若按高標準要求，各個曲牌的調高選擇仍有一定之規。清代戲曲理論家徐大椿在《樂府傳聲》中就說：

〔註 55〕〔清〕周祥鈺等：《新定九宮大成南北詞宮譜》，古書流通處 1923 年影印清乾隆十一年刻本，《續修四庫全書》（第 1753 冊）影印本，上海：上海古籍出版社，2003 年。

〔註 56〕〔清〕方成培：《香研居詞麈・論古笛今笛》卷四，《叢書集成初編》本，上海：商務印書館，1936 年，第 55 頁。

凡曲七調，自有定格，如某牌名係某宮，則應用某調，方爲合
度。若不按成譜，任意妄擬，則高低自不叶調。即如商調之《山坡
羊》，自應歸凡調，南呂之《懶畫眉》自應唱六字調。若高一調吹之，
不但唱者吃力，徒然揭斷嗓子，且不中聽，曲情節奏全然沒有。低
一調吹之，雄半激烈之曲，勢必姜靡沉鬱，寂靜之音愈覺幽晦，識
者掩口失笑矣。〔註57〕

　　另據楊蔭瀏先生記述，京胡名家陳公坦對戲曲演唱中調高的選擇，也曾
有類似說法：「京胡定弦雖可依唱者嗓音的高低，隨時伸縮；但演唱家所追求
的理想標準，則爲正工調，就是依笛上正工調『上』音定內弦。」〔註58〕可
見對戲曲演員而言，恰當選定唱腔的調高位置是十分重要的，這也是清初以
來工尺譜唱腔逐漸標注七調調名的主要原因。

　　至於以《九宮大成》爲代表的工尺譜，爲何採用首調而非固定調記寫，
應與它服務於聲樂唱腔的性質有關。與絃管樂器擁有固定孔位、音位，採用
固定工尺唱名不同，人聲由於缺乏對絕對音高的準確把握，爲讀譜方便，自
然傾向選擇更便捷的首調唱名，同時用工尺七調制約唱腔絕對音高。從本質
上講，工尺譜及其首調唱名在清初堂而皇之地步入戲曲領域，是戲曲音樂實
踐對唱腔記錄形式的新需求；工尺譜在這裡仍發揮著唱腔音樂「備忘錄」的
作用，不過是舊有格律譜的細化，其功能與明代流行的平仄格律譜完全相同。

3、清代工尺譜首調唱名確立與固定調唱名繼續施用

　　自《九宮大成》時代起，戲曲文本開始較多採用首調唱名工尺譜記錄唱
腔，無論是稍早於《九宮大成》的《新編南詞定律》（清呂世雄等輯，康熙五
十九年[1720年]），還是其後的《吟香堂曲譜》（馮起鳳編訂，乾隆五十四年
[1789年]）、《納書楹曲譜》（葉堂編，乾隆五十七年[1792年]）等均如此，
目的都是「恐宮調混淆，句拍舛錯，使填詞度曲者便於考核，並非好異炫奇
也」〔註59〕。以《新編南詞定律》爲例，該書成於康熙末年，是目前所見第

〔註57〕　〔清〕徐大椿：《樂府傳聲》，《中國古典戲曲論著集成》（七），北京：中國戲
　　　　　劇出版社，1959年，第185頁。
〔註58〕　楊蔭瀏：《中國古代音樂史稿》（下冊），北京：人民音樂出版社，1981年，第
　　　　　984頁注①。
〔註59〕　〔清〕呂世雄等輯：《新編南詞定律·凡例》，中國藝術研究院戲曲研究所藏
　　　　　清康熙刻本，《續修四庫全書》（第1751冊）影印本，上海：上海古籍出版社，
　　　　　2003年，第37頁。

一部官修崑腔曲譜集。全書共十三卷，收錄南曲兩千餘支。筆者遍觀《南詞定律》所有配寫工尺譜的曲牌，幾乎都採用「上、尺、工、六、五」為主的記譜形式。〔註60〕這五個工尺譜字直接對應「宮、商、角、徵、羽」五正聲，呈現出鮮明的首調唱名特徵。各工尺譜曲牌不標調名，原因可能和後出的《九宮大成》一樣，是考慮到唱者「按譜度曲」和靈活選擇調高的實際需要而採取的方法，即以音域適中的小工調為主，「遇曲音過抗，則用尺字調或上字調；曲音過衰，則用凡字調或六字調」〔註61〕。整部《南詞定律》工尺譜均採用首調工尺唱名系統，譜式如下（圖7－5）：

圖7－5：《新編南詞定律》之「商調過曲」譜式〔註62〕

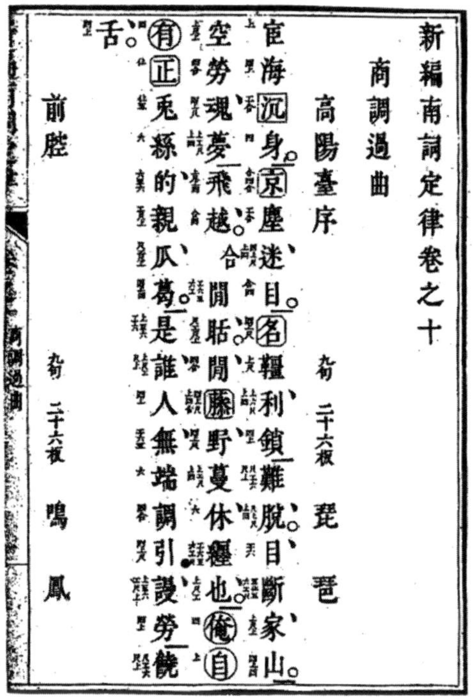

〔註60〕 筆者所據《新編南詞定律》，為中國藝術研究院戲曲研究所藏清康熙刻本，《續修四庫全書》（第1751～1753冊）影印本，上海：上海古籍出版社，2003年。

〔註61〕 〔清〕周祥鈺等：《九宮大成南北詞宮譜·凡例》，古書流通處1923年影印清乾隆十一年刻本，《續修四庫全書》（第1753冊）影印本，上海：上海古籍出版社，2003年，第623頁。

〔註62〕 〔清〕呂士雄等輯：《新編南詞定律》，中國藝術研究院戲曲研究所藏清康熙刻本，《續修四庫全書》（第1751冊）影印本，上海：上海古籍出版社，2003年。

　　清乾隆（1711～1799 年）以後，首調工尺譜在戲曲文本中得到廣泛使用，並逐漸在曲名下出現工尺七調名稱的標記。例如，成書於乾隆五十七年（1792 年）的《納書楹曲譜》，儘管大部份曲牌仍與古老的俗樂宮調名連用，但個別曲牌前已出現提示調高的工尺調名信息。《納書楹曲譜》的這一宮調應用特徵，可視為首調工尺記譜從「無工尺調名標記」到「有工尺調名標記」的過渡形態。現將《納書楹曲譜》所用工尺調名及其與俗樂調名的對應情況列表如下（表 7-1）：

表 7-1：《納書楹曲譜》所標工尺七調一覽表 〔註 63〕

卷次	劇　　目	開始宮調	換調情況
正集	蓮花寶筏・北餞	仙呂【點絳唇】未標工尺	【後庭花】標「尺出六調」
	雍熙樂府・訪普	正宮【端正好】標「尺調」	【脫布衫】標「□調」
	幽閨記・驛會	仙呂【月兒高】標凡調	【雙調・銷金賬】標正調【中呂・粉孩兒】標「工（正？）調」
	幽閨記・拜月	南呂【青衲襖】標尺（凡？）調	【商調二郎神慢】標「□調」
	南西廂・聽琴	南呂【梁州新郎】標凡調	【小石漁燈兒】未注工尺調
	長生殿・密誓	越調【浪淘沙】未標工尺調	【山桃紅】標工調【商調二郎神】標六調
	長生殿・彈詞	南呂【一枝花】未標工尺調	【七轉】標尺調
	長生殿・得信	仙呂【桂花襲袍香】標凡調	【不是路】標六調
續集	長生殿・偷曲	仙呂【八聲甘州】標尺調	【高大石魚兒賺】【仙呂解酲帶甘州】未標工尺調
	太平錢・綴帽	仙呂【小措大】標上調	【不是路】標工調【長拍】標尺調
	南西廂・佳期	仙呂【臨鏡序】標工調	【賺】標正調【十二紅】標凡調
	療妒羹・題曲	仙呂【桂枝香】未標工尺調	【長拍】標六調

〔註 63〕　本表據《納書楹曲譜》乾隆五十七年至五十九年（1792～1794 年）納書楹原刻本整理，參見《善本戲曲叢刊》第六輯之二，臺北：臺灣學生書局，1987年。

卷次	劇　　目	開始宮調	換調情況
	荊釵記・議親	商調【黃鶯兒】標凡調	【仙呂桂枝香】標尺調
	荊釵記・繡房	南呂【一江風】標工調	【梁州序】標凡調
	荊釵記・回書	中呂【漁家傲】標尺調	【商調梧桐落五更】標凡調
	荊釵記・上路	仙呂【八聲甘州】標尺調	【解三醒】標凡調
	躍鯉記・看穀	仙呂【二集傍妝臺】標工調	【賺】標「□調」
	千鍾祿・歸國	仙呂【八聲甘州】標尺調	
外集	金雀記・喬醋	南呂【太師引】標工調	
	明珠記・俠隱	中呂【粉蝶兒】未標工尺調	【朝天子】標「落調」
	漁家樂・藏舟	商調【山坡羊】標凡調	【黃鍾降黃龍】標工調
補遺	浣妙記・採蓮	高大石【念奴嬌序】標尺調	【中呂古輪臺】標尺調
	荊釵記・回門	南呂【宜春令】標凡調	【黃鍾降黃龍】標工調
	荊釵記・前拆	仙呂【二犯傍妝臺】標工調	【不是路】標六調 【步步嬌】標尺調
	荊釵記・大逼	雙調【孝順歌】標正調	【南呂五更轉】標凡調
	八義記・觀畫	仙呂【點絳唇】標工調	【後庭花】標正調 【黃鍾啄木兒】標六調
	四才子・婉諷	仙呂【妝臺甘州羅】未標工尺調	【賺】標凡調
	四才子・索姝	高大石【念奴嬌序】標尺調	【古歌】標正調 【仍用高大石念奴嬌序】標尺調 【大石賽觀音】標工調
	繡襦記・蓮花	不知宮調【三轉雁兒落】標工調	【蓮花落】標六調
	白兔記・養子	南呂【五更轉】標凡調	【雙調鎖南枝】標乙調
	時劇・夏得海	開始處標工調	中間轉入正調

　　此後，清代刻版的戲曲工尺譜，大多都有明確的工尺調名標識。例如，清同治九年（1870 年）王錫純編輯的《遏雲閣曲譜》，選錄當時流行的崑曲折子戲 87 齣，每首曲名下都詳列工尺調名，譜中詳注板眼。以《遏雲閣曲譜》中的《牡丹亭・遊園》為例，其首調唱名施用情況如下（圖 7−6）：

圖 7－6：《遏雲閣曲譜》之《牡丹亭‧遊園》譜式〔註64〕

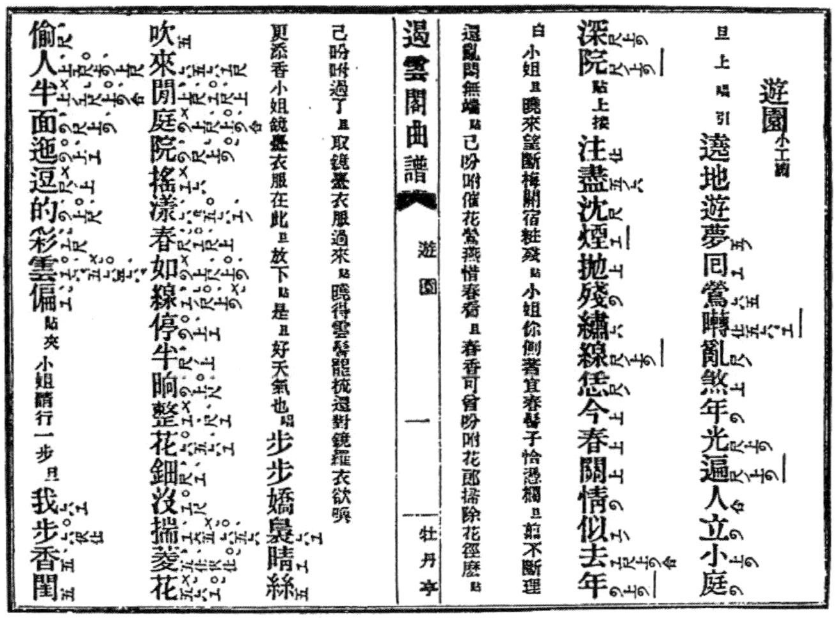

這種譜字、調名、板眼俱全的工尺譜，記錄的唱腔形式更為完善，甚至影響到傳統器樂記譜方式的改變。明代以來用於笛色的固定調工尺記譜，在清代戲曲首調工尺譜廣泛應用的影響下，開始出現採用首調唱名記寫的傾向。

值得注意的是，康乾時代及其後的戲曲工尺譜中，個別曲牌也有採用固定調唱名記寫的情況。例如，清人湯斯質和顧俊德根據明末流行於江南一帶的琵琶絃索調，配以元雜劇和散曲、散套歌詞編輯而成的《太古傳宗》，唱詞旁標注的工尺譜字採用的就是固定調唱名。該樂譜記載的曲調大部份出於元明時期，包括三部份內容：《太古傳宗琵琶調西廂記曲譜》二卷，包括《西廂記》曲譜 21 套，屬於北曲格調；《太古傳宗琵琶調宮詞》二卷，包括南北散曲和劇曲 46 套；《絃索調時劇新譜》二卷，包括小曲、散曲和劇曲 24 套的曲譜，大部份屬於南曲格調。據傅雪漪先生考證，書中的《琵琶調西廂記曲譜》二卷和《琵琶調宮詞》二卷定稿於康熙元年（1662 年）中秋，《絃索時劇新譜》為朱廷鏐、廷璋兄弟補入的《九宮大成南北詞宮譜》中未收入的「時

〔註64〕　〔清〕王錫純輯：《遏雲閣曲譜》，清刻本，《續修四庫全書》（第 1758 冊）影印本，上海：上海古籍出版社，2003 年。

調」二十四套。〔註65〕從曲譜標題和內容不難看出，《太古傳宗》所錄工尺譜是供琵琶伴奏使用的。對於定弦、音位、把位相對固定的琵琶而言，採用按音與譜字一一對應的固定唱名工尺，對琵琶演奏而言顯然更爲實用。楊蔭瀏先生對此也有論述，指出：《太古傳宗》中的唱腔都是用琵琶伴奏的，記譜方法採用的是固定工尺唱名體系（移調形式記寫），即將屬於小工調（D）、正宮調（G）、尺調（C）和乙調（A）的曲調，一律按小工調形式記寫，以便於琵琶演奏。〔註66〕以《琵琶調西廂記曲譜》之《送別·朝天子》爲例，其樂譜形式如下（圖7−7）：

圖7−7：《太古傳宗琵琶調西廂記曲譜》之《送別·朝天子》〔註67〕

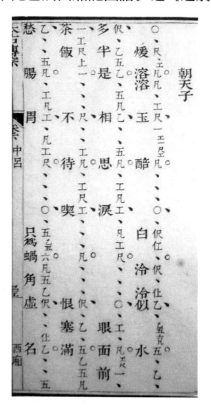

〔註65〕傅雪漪：《罕見的戲曲音樂太古傳宗琵琶調》，《中國音樂》1984年第3期，第29頁。

〔註66〕參見楊蔭瀏《中國古代音樂史稿》（下冊），北京：人民音樂出版社，1981年，第801頁。

〔註67〕〔清〕湯斯質、顧俊德編：《太古傳宗》，哈佛燕京圖書館藏本，圖片資料參見新浪博客 http://blog.sina.com.cn/lsngb，2013年5月9日。

　　這段音樂採用「以小工調首調唱名尺字爲宮」的固定唱名譜字記寫，屬於典型的固定調工尺唱名體系，對於樂器演奏而言是十分方便的。其音階實爲較小工調高大二度的凡字調（E調），其與正調（小工調）的對應關係如下：

小工調（D）：上尺工⑪六五⑫上

凡字調（E）：　尺工凡⊗五乙⊕尺

　　　　　　　宮商角　徵羽　宮

　　明清時代，琵琶四絃最基本的定音方式是「合－上－尺－合」。據此，這種以小工調爲基礎調的固定唱名系統中，全部七調的基本音階形式可推導如下：

小工調（D）：上尺工⑪六五⑫上

凡字調（E）：　尺工凡⊗五乙⊕尺

六字調（F）：　　工凡六⑮乙上⑪工

正宮調（G）：　　　凡合四⊖上尺⊕凡

乙字調（A）：　　　　合四一⊕尺工⑪六

上字調（B）：　　　　　四一上⑪工凡⊗五

尺字調（C）：　　　　　　一上尺⊕凡六⑮乙

　　根據上述琵琶所用固定唱名譜字的記寫特點，《琵琶調西廂記曲譜》之《送別‧朝天子》唱段，可譯譜示例如下。（譜7－1）

　　清代以來琵琶以本調小工調爲基礎的「借調記譜」方式，鄭覲文在《中國音樂史》「卷四」記載說：「故琵琶譜無論調性已換，而譜字只用小工調，此調一名清調，不在四系之中，而四系之調皆寄於此調以奏之。」〔註68〕楊蔭瀏先生在《工尺譜的翻譯問題》中也談到：「彈琵琶的藝人，對正調（小工調 D 調）的指法最熟，所以往往有些不屬於正調音階的曲調是用正調形式記寫的。……有些老師傅傳授學生，在學生還不能轉調的時候，往往將屬於新調的樂曲，移調寫成他所已學會的調的形式，讓他能奏出來。編輯樂譜的人，若將這樣的抄本曲調照樣收集刊行，則所編成的樂譜，便不能全部用同一方法翻譯。」〔註69〕這種固定工尺唱名的記錄傳統，在現今傳統鼓吹

〔註68〕鄭覲文：《中國音樂史》，上海：大同樂會出版發行，1929年，第21頁。

〔註69〕楊蔭瀏：《工尺譜的翻譯問題》，載《民族音樂研究論文集》（第一集），北京：音樂出版社，1956年，第79頁。

譜 7－1：《琵琶調西廂記曲譜》之《送別‧朝天子》

西廂相‧送別

《太古傳宗琵琶調》曲譜
李宏鋒 譯譜

樂等樂種中依然應用，其情況大致如李來璋先生《談工尺譜及其特點》一文
所論：

> 工尺譜的第四個特點，也是極易被忽視的特點，是譜字的多義
> 性。因為民間（含寺院）沿用的工尺譜，特別是器樂用譜，一般都
> 採用類似（因）〔固〕定唱法的「（因）〔固〕定基調譜」記寫方式
> （這種固定基調，基本上分為以「上」為宮和以「合」為宮兩種。
> 民間多稱為「本調」或「正調」）。當樂曲轉用他調時，譜面上的某
> 些譜字的半音陞降關係也並不另作標本。「乙」（xi）變為「下乙」
> 的（♭xi）時仍記為「乙」，「凡」（fa）為「大凡」（♯fa）時則仍記為
> 「凡」等等。因而某些基本譜字在這種情況下，便具有了多義性
> （一字多音）。這種「隱而不詳，秘而不宣」的譜字真義，熟練的藝
> 人（僧、道）是心中有數的。他們在應用時能準確地唱（奏）出
> 來。〔註70〕

與上述琵琶借調記譜方式類似的固定唱名記譜，在《九宮大成南北詞宮
譜》的個別曲牌也有存在。筆者推測，這些以「借調記譜」方式呈現的工尺
譜，可能原是為唱腔伴奏的樂器（如笛、琵琶、三弦等）譜，並非專為人聲
度曲使用。編纂者在收集曲譜時未加仔細辨別，直接收入《九宮大成》，因此
出現個別固定唱名工尺譜混入的現象。這種情況在後世曲譜中也有存在，例
如琵琶演奏家華秋蘋所編《借雲館小唱》（刊於嘉慶二十三年，1818年）收錄
的十首俗曲中，《京剪靛花》採用的就是「凡忘工」手法，譜中「凡」字應作
「下凡」，為宮音。〔註71〕其次，鑒於《九宮大成》所收工尺譜「實是遼金兩
宋與元明清歷朝樂譜的疊壓，不是一代產物」〔註72〕的特點，其中的某些固
定唱名工尺譜，也可能是宋以來固定工尺唱名系統的遺留，其調高、調式、
音階等與該曲牌原屬唐宋俗樂調名存在關聯。黃翔鵬先生曾以歷代宮調體系
演變為依託，從《九宮大成》考訂出《鞓紅》為宋詞音樂〔註73〕等，就是這

〔註70〕李來璋：《談工尺譜及其特點》，《中國音樂》1988年第3期，第75頁。

〔註71〕樂譜見〔清〕華秋蘋編《借雲館小唱》，清刻本，《續修四庫全書》（第 1096
　　　 冊）影印本，上海：上海古籍出版社，2003年。

〔註72〕黃翔鵬：《〈新定九宮大成南北詞宮譜簡譜示意本〉題記》，原載《中國藝術研
　　　 究院研究生部學刊》1997年第1期；《中國音樂學》1998年第3期轉載；收
　　　 入《黃翔鵬文存》（下冊），濟南：山東文藝出版社，2007年，第1000頁。

〔註73〕黃翔鵬：《〈新定九宮大成南北詞宮譜簡譜示意本〉題記》，《中國音樂學》1998
　　　 年第3期；路應昆：《黃翔鵬先生譯〔鞓紅〕》，《中國音樂學》1998年第3期。

種情況的說明。當然，這些唱腔曲譜中的固定調工尺記譜，只是爲數不多的個例，並非清代戲曲工尺譜式的主流方式。

此外，清代花部板腔體戲曲使用「反調」，也一定程度上鞏固了工尺譜的首調唱名地位。清道光年間（1820～1850 年）浙江人葉調元所作《漢口竹枝詞》，有一首提及西皮、二黃及其反調的應用：

> 曲中反調最淒涼，急是西皮緩二黃。
>
> 倒板高提平板下，音須圓亮氣須長。〔註74〕

此詩作表明，清道光年間湖北漢口地區，西皮、二黃唱腔已十分流行。另，清人楊靜亭在道光二十五年（1845 年）刊行的《都門紀略》中，記錄了北京流行的 78 齣戲，其中有 16 齣唱二簧腔，32 齣唱西皮腔，7 齣西皮、二黃兼唱，4 齣唱崑曲，1 齣唱吹腔，另 18 齣所唱腔調不詳。〔註75〕這兩種唱腔在北京地區也已流行。

一些板腔體音樂的「反調」，通過改變伴奏弓絃樂器內外弦「首調唱名」（趙宋光先生曾稱之爲「認弦」，以與調諧空弦絕對音高的「定弦」相區別），進而改變調高以適應不同角色唱腔，體現的就是首調唱名法。以京劇中常用的「三調」（二黃、反二黃、西皮）爲例，不同唱腔中胡琴的「認弦」是不同的：二黃爲 sol－re 弦，反二黃爲 do－sol 弦，西皮爲 la－mi 弦。較少使用的反西皮，爲 re－la 弦。若內、外弦絕對音高定爲 $g^1－d^2$，則二黃爲 1＝C（尺字調），反二黃爲 1＝G（正宮調），西皮爲 1＝^{b}B（上字調），反西皮爲 1＝F（六字調）。不同唱腔在改變胡琴內外弦唱名的基礎上形成。〔註76〕這種實踐中使用的工尺譜，多數應屬首調唱名系統。無論從明清戲曲傳承機制變遷、崑腔記譜形式轉變，還是板腔體音樂正、反調運用等方面看，清代戲曲音樂實踐採用首調唱名工尺譜，已是音樂歷史發展的大勢所趨。

第二節　工尺七調系統的豐富發展與多類型並存

清代以來，伴隨各地器樂獨奏與合奏形式的豐富發展，工尺譜調名體系

〔註74〕〔清〕葉調元：《漢口竹枝詞‧雜記》卷五，見徐明庭、馬昌松《漢口竹枝詞校注》，武漢：湖北人民出版社，1985 年，第 144 頁。

〔註75〕海震：《戲曲音樂史》，北京：文化藝術出版社，2003 年，第 189 頁正文及頁下注②。

〔註76〕參見海震《戲曲音樂史》，北京：文化藝術出版社，2003 年，第 195 頁。

在明末「正宮調工尺調名體系」的基礎上，逐漸衍生出多種不同基礎調高和命名標準的調名指稱方式，工尺調名系統在有清一代音樂實踐中不斷豐富發展，形成多類型命名系統並存的局面。傳統宮調的這一發展趨勢，使明清時代保存至今的某些傳統音樂品類的調名應用，常見同一調名指代不同管色指法，或相同管色指法被冠以不同工尺調名的現象，不同樂種甚至同一樂種的宮調系統呈現出紛繁複雜的狀態。例如，近世傳統音樂常用的工尺調名爲：上字調、尺字調、小工調、凡字調、六字調、五字調、乙字調，但這七調名稱在陝北嗩吶音樂中被稱爲：本調、四字調、梅花調、凡調、六字調、背宮調、甲調；在山西晉中嗩吶音樂中被命名爲：本調、閉工調、梅花調、六字調、六眼調、亞乙調、上字調；〔註 77〕在冀南嗩吶音樂中被稱爲：合字調、四字調、乙字調、上字調、尺字調、工字調、凡字調（本調）；〔註 78〕在遼寧嗩吶音樂中稱之爲：本調、六個眼、梅花調、背調、老本調、悶工調、四調；〔註 79〕冀東嗩吶音樂則名爲：本調、尺字調、小悶工調、倍調、六字調、大悶工調、侉調。〔註 80〕諸如此類，不一而足。

另一方面，從目前學界對工尺調名系統的研究情況看，相關理論探討並未完全解釋多種工尺調名系統的成因，對「工尺七調」歷史內涵的認知有待進一步拓展。以《中國音樂詞典》爲例，其中的「調門」和「民間工尺七調」詞條，代表了學界目前較爲一致的認識成果。其「調門」條曰：

> 調門：民間音樂中，習慣稱調高爲調門。不同的調門一般採用工尺字作調名，通用民間工尺七調的稱謂。在戲曲音樂中又別稱這種調門分類爲「笛色」。此外尚有如下幾種不常用的調門分類法及其調名系統：
>
> (1) 以「正工調」爲基準的翻調系統。
> (2) 以手指所按笛孔的數目來標記調名（笛筒音爲 A）。如按三個眼稱爲三眼調等。但取音標準也不相同，有的以按三眼作爲「六」，則三眼調爲 G 調，兩眼爲 A 調。有的以按三眼作爲「五」，則三眼調爲 F 調，兩眼爲 G 調。

〔註 77〕劉勇：《中國嗩吶藝術研究》，上海音樂出版社，2006 年，第 156、157 頁。
〔註 78〕榮慧蕎：《北方五省嗩吶調名的考察與研究》，中央音樂學院碩士學位論文，2012 年。
〔註 79〕楊久盛：《遼寧嗩吶傳統調名考釋》，《樂府新聲》1992 年第 3 期。
〔註 80〕唐山地區群眾藝術館編：《唐山地區嗩吶曲集》，1980 年 6 月，油印本。

(3) 以笛的尾孔開孔數來稱呼調名。如：開三個孔爲「工」的
名「三個頭調」，即上字調（♭B 調）；開兩孔爲「工」的名
「兩個頭調」，即乙字調（A 調）等等。〔註81〕

在「民間工尺七調」詞條中，《中國音樂詞典》又提出以「正調」（正宮調）或「小工調」爲基準的兩種工尺調命名方式，以及二者宮調含義的一致性特徵。〔註82〕綜合這些有關工尺調名的論說，可將目前不同標準工尺調命名方式，大致歸納爲以下三種：其一，以小工調爲基礎調的命名系統；其二，以正宮調爲基礎的命名系統；其三，以開閉幾孔爲六字（或五字）的命名系統。其中，前兩種命名法雖操作方式不同，但所得調名與筒音的對應關係完全一致。第三種調高命名法所得結果，如「×眼調」、「×個頭調」等名稱，並非以傳統工尺字命名調高，嚴格說來只是一種基於樂器音位結構的調高稱謂，其調名之間的關係與傳統工尺調名系統的內在邏輯關聯不多。

如此看來，傳統音樂中工尺調名的命名方式，似乎只有小工調系統和正宮調系統兩種，且二者殊途同歸，所得調名系統相互一致。這種宮調命名方式自明清以來，在以戲曲音樂爲代表的傳統音樂中廣泛使用，是唱腔及伴奏樂器確定調高的主要方式。《中國音樂詞典》等文獻對小工調、正宮調等調名系統的總結，一定程度上反映出清代以來樂種調名的普遍命名原則。然而，對照當前不同地域、不同樂種使用的多種調名，僅以小工調系統或正宮調系統，並不能完滿解釋傳統音樂中存留至今的形態各異、名目繁雜的工尺調名應用情況。那麼，應如何認知各樂種中這些紛繁複雜的工尺調名形態？單一樂種內部、各樂種之間乃至全國各地區傳統音樂之間，使用的工尺調名是否擁有特定的理論體系支撐？可否從宮調名稱、樂學理論及音樂風格的歷史流變中，對現存傳統音樂工尺調名的含義、淵源及相互關係取得統一認識？

筆者認爲，完滿解答這些問題，需要從工尺調名體系的種類、特徵及其歷史流變角度深入考察，挖掘其蘊含的歷史文化信息，從宮調理論的歷史演變與實踐應用中，取得對工尺調名系統樂學內涵的整體認知。基於這些思考，本節擬以清代以來工尺調名體系的歷史演變爲背景，結合文獻記載和傳統樂

〔註81〕 中國藝術研究院音樂研究所、《中國音樂詞典》編輯部編：《中國音樂詞典》，北京：人民音樂出版社，1984 年，第 80～81 頁。

〔註82〕 中國藝術研究院音樂研究所、《中國音樂詞典》編輯部編：《中國音樂詞典》，北京：人民音樂出版社，1984 年，《中國音樂詞典》，第 269～270 頁。詳細引文，參見本文第六章第二節。

種中工尺調名的某些應用特點，梳理工尺七調從「正宮調系統」到「小工調系統」再到「乙字調系統」的演化歷程，以及在這一過程中存在的調名訛變情況，推測清代以來多種工尺調名系統的形成原因，及其與影響深遠的唐宋俗樂十八調體系的內在聯繫，以期更深入認知傳統工尺七調的豐富樂學內涵與歷史文化淵源。

一、工尺七調系統的確立——以正宮調爲基礎的調名體系及其訛變

本著第六章第二節曾對方以智《通雅》、毛奇齡《竟山樂錄》、李塨《李氏學樂錄》、秦蕙田《五禮通考》、方中通《數度衍》等文獻以及「工尺字調定位尺」這一音樂文物反映出的工尺調名系統性質作集中梳理分析，指出明末清初之際已經確立「以正宮調爲基礎的工尺調名體系」。這種宮調系統以正宮調（五字調）爲基礎定名，以新調五字（羽音）相當於正宮調某字，作爲命名新調的基本依據。從目前相關文獻與文物反映出的情況看，以正宮調爲基礎的調名體系是明清時代工尺調名形成、演變的最初形態，是聯結宋元以二十八調爲核心的俗樂宮調系統和近世工尺七調系統的重要環節，也是近古時期宮調演變歷程中的重要節點之一。

清初學者方成培在其《香研居詞塵》中，甚至將正宮調系統的工尺七調命名方式，與宋代燕樂理論中的「夾鍾收四聲」相聯繫。該書卷四「論古笛今笛」一節，首先列出了「近世度曲七調之圖」。（圖7-8）

方成培對所列「近世度曲七調之圖」進一步解說道：

　　　　右（引者按，即圖 7-8）乃世俗相傳之七調也。《九宮大成》曰：「四字調乃爲正調，是譜皆從正調而翻爲七調。七調之中，乙字調最低，上字調次之，五字調最高，六字調次之。今度曲用工字調最多，以其便於高下。惟遇曲音過抗，則用尺字調或上字調；曲音過衰，則用凡字調。」

　　　　培按：緊五者，夾鍾之清聲。今世俗七調，皆從五字翻出，正宋人燕樂夾鍾爲律本之遺法也，但舉世由之而不知耳。夫自明以來，莫不知有七調，而不悟即古人旋宮之法，或識爲旋宮之法，亦不悟其爲夾鍾爲律本之一均也。亦莫不知五、六、凡、工、尺、上、一、四、合爲九字一定次序，而終不悟其爲夾鍾爲律本之次序也。

《通考》言：「樂制雖曰屢變，而原未嘗變。」豈不信哉！余故爲圖於右而詳論之。〔註83〕

圖7－8：方成培《香研居詞麈》中的「近世度曲七調之圖」

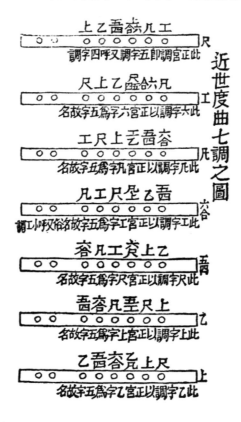

方成培所列「近世度曲七調之圖」，爲典型的以正宮調（五字調）爲基礎的工尺七調。他在文中說「（此）乃世俗相傳之七調」，可見這一工尺調名系統在明末清初之際的音樂實踐中廣爲流行。這種情況，與《九宮大成南北詞宮譜·凡例》中「四字調乃爲正調，是譜皆從正調而翻爲七調」的說法也是一致的。由於宋人音樂理論中，有所謂「夾鍾收四聲」的說法〔註84〕，而

〔註83〕 圖片及引文，參見清方成培《香研居詞麈·論古笛今笛》卷四，《叢書集成初編》本，上海：商務印書館，1936年，第54～55頁。

〔註84〕 《宋史·樂志》卷一百四十二載蔡元定《燕樂》之論曰：「聲由陽來，陽生於子、終於午。燕樂以夾鍾收四聲：曰宮、曰商、曰羽、曰閏。閏爲角，其正角聲、變聲、徵聲皆不收，而獨用夾鍾爲律本。此其夾鍾收四聲之略也。」北京：中華書局，1977年，第3346頁。

清初流行的宮調系統又以五字調（正宮調）為基礎，以傳統工尺譜字的固定唱名論，「緊五」字配夾鍾之律，方成培便據此認為「五字調工尺七調系統」為宋代「夾鍾為律本之遺法」，將當時流行的這一宮調系統賦予深厚的歷史內涵。

　　本著先前論述中已指出，正宮調工尺七調系統以新調「羽」音（而非「宮」音）位置作為調名命名依據的做法並非出於偶然，其與唐俗樂二十八調將「平聲羽七調」列於首位以及「宮逐羽音」的傳統（見《樂府雜錄》）密切相關，很可能是唐代俗樂宮調理論在新時期宮調系統中的反映。〔註85〕方成培從工尺譜字與十二律呂相配角度，指出正宮調工尺七調系統與宋代燕樂宮調之間的聯繫，其論發前人之未發，對於探討唐宋以來宮調理論的延續性和一致性具有重要啟發。

　　現綜合以上所述，將明末清初之際流行的「正宮調工尺七調系統」列表整理如下（表 7－2）。其中第二行工尺譜字是筒音作「尺」的正宮調音列唱名；標以方框的「宮」音指示各調宮位；標以菱形框的「羽」音是轉調關鍵音，其對應的正宮調工尺譜字即該調命名標準；標注底色的一行是作為基礎的「正宮調」音列；各調的工尺調名以《通雅》和《香研居詞塵》（表中簡稱「詞塵」）中的七調名稱為參考。

表 7－2：以正宮調為基礎的工尺七調系統一覽表

六勻孔笛孔位（近吹口孔為一）		筒		六		五	四			三		二	一	
譜字（尺為調首）		尺		工		凡	六			五		乙	上	
通雅	詞塵	A	♭B	B	C	#C	D	#D	♭E	E	F	#F	G	#G
子母調	乙字調	宮		商		角	清			徵		羽		變
梅花調	上字調	變	宮		商		角		清		徵		羽	
背工調	尺字調	羽		變	宮		商			角	清		徵	
平　調	小工調	徵		羽		變	宮			商		角	清	

〔註85〕詳細論證，參見本文第六章第二節。

六勻孔笛孔位（近吹口孔爲一）	筒	六	五	四	三	二	一
譜字（尺爲調首）	尺	工	凡	六	五	乙	上
通雅　詞塵	A	♭B　B	C　♯C　D	♯D　♭E　E	F	♯F　G	♯G
絃索調　凡字調	清	徵	羽	變	宮	商	角
淒涼調　六字調	角	清	徵	羽	變	宮	商
正調　正宮調	商	角	清	徵	羽	變	宮

以正宮調爲基礎的工尺七調系統，以新調「羽」音（「五」字）指示的正宮調音位，作爲確立新調名稱的標準。然而，在傳統音樂的豐富宮調實踐中，演奏者往往更重視樂曲「宮」音（首調唱名的「上」字），所謂「宮者，音之主也」，進而習慣以宮音所在位置命名調高。這就使原有的正宮調系統各調名稱產生變化，即以新調「宮」音（首調唱名「上」）對應的筒音爲「尺」的正宮調音列譜字，作爲命名新調的基本依據，也就是「只看以正宮調之何字孔爲上（宮），便爲何字調」〔註86〕，結果造成與原來正宮調調名系統的錯位，即同樣調高的音樂出現兩種不同調名指稱，造成單一工尺調名調高內涵的多元化。〔註87〕

這種工尺調名系統，在現今山西晉中一帶依然使用。劉勇先生《中國嗩吶藝術研究》一書，給出了山西晉中一帶嗩吶音樂使用的七個調名，以及各調宮音（do）對應的音孔位置。〔註88〕這七個調名依次爲：本調、閉工調、梅花調、六字調、六眼調、亞乙調、上字調。分析各調名稱、筒音階名與宮音位置，可知晉中地區嗩吶七調的主體結構，正是「正宮調工尺七調體系」訛變的結果，各調宮音與嗩吶音孔位置的對應關係可歸納如下：

本　調——筒音尺作宮——筒音尺作 do

閉工調——一孔工作宮——筒音尺作 si（♭si）

〔註86〕此語仿載武《樂律明眞解義》之論，詳後文「工尺七調系統的演化之二」。

〔註87〕關於正宮調系統訛變調名，本著不再單獨列表，讀者可參照「以正宮調爲基礎的工尺七調系統一覽表」自行推演。以下仿此。

〔註88〕劉勇：《中國嗩吶藝術研究》，上海：上海音樂學院出版社，2006年，第157頁。

梅花調──二孔凡作宮──筒音尺作 la

六字調──三孔六作宮──筒音尺作 sol

六眼調──四孔五作宮──筒音尺作 fa

亞乙調──五孔乙作宮──筒音尺作 mi

上字調──六孔上作宮──筒音尺作 re

二、工尺七調系統的演化之一──以小工調爲基礎的調名體系及其訛變

與明清之際正宮調工尺七調體系盛行同時，另一種以小工調爲基礎的宮調命名系統，逐漸爲人們認識和採用，形成宮調邏輯結構與前者完全一致的「小工調工尺七調體系」。由於音樂實踐中對宮音位置的重視和強調，以及「正宮調體系」與「小工調體系」的混用，再此基礎上又出現「小工調工尺七調」的兩種訛變形式，使傳統宮調系統的結構原則和調名形式進一步拓展。

1、小工調工尺七調體系的確立

清乾隆九年（1744 年）成書的《新定九宮大成南北詞宮譜・凡例》，對當時採用的以四字調爲主的工尺七調有如下評説：「七調之中，乙字調最下，上字調次之，五字調最高，六字調次之。今度曲者用工字調最多，以其便於高下。惟遇曲音過抗，則用尺字調或上字調；曲音過衰，則用凡字調或六字調。」〔註89〕由於小工調調高適中「便於高下」，因而被度曲者廣泛採用，成爲工尺七調中使用頻率最高的調。戲曲聲樂識譜和演唱音域的需要，使工尺譜記譜在選擇首調唱名的同時，自然選擇以「小工調」爲正調，作爲命名其它工尺調名的基礎，進而逐漸確立了以小工調爲基礎、以「合」字爲管色筒音的新的工尺調名系統。

謝元淮編訂於清中期的《碎金詞譜》，在道光二十四年（1844 年）刊本中並無工尺七調名標記。但該書道光二十八年（1848 年）的刊本，每首曲牌前

〔註89〕〔清〕周祥鈺等：《新定九宮大成南北詞宮譜・北詞凡例》，古書流通處 1923 年影印清乾隆十一年刻本，《續修四庫全書》（第 1753 冊）影印本，上海：上海古籍出版社，2003 年，第 623 頁。同樣論説，在清人張廷玉等編撰的《皇朝文獻通考》卷一百七十四《樂考二十》中亦有記載，參見《文淵閣四庫全書》（電子版），上海人民出版社、迪志文化出版有限公司出版，標準書號：ISBN 7-980014-91-X/Z52。

都添加了詳細的工尺調名。謝元淮還仿照《九宮大成·凡例》之文，說明《碎金詞譜》各工尺調名的調高的特徵。唯一不同的是，《碎金詞譜》將《九宮大成》中的「四字調爲正調」一句，均改成以「工字調爲正」、其它各調「俱從工字調出」，其文曰：

> 近代皆用工尺等字以明聲調。工字調爲正，又從而翻出六調，共爲七調，曰：乙字調、正宮調、六字調、凡字調、小工調、尺字調、上字調。而乙調最高，上調最低，工調適中。今之度曲者皆用工字調，以其便於高下也。惟遇曲音過抗，則用尺字調或上字調；曲音過衰，則用凡字調或六字調。今譜以仙呂爲首調。工尺調法，七調具備，下不過上，上不過乙，旋宮轉調，自可相通。以下各調，俱從工字調出也。〔註90〕

《凡例》又進一步論說《碎金詞譜》採用的工尺調名系統，可知其爲明確的小工調宮調體系，其文曰：

> 笛只六孔，要吹出工、尺、上、一、四、合、凡、六、五、乙等十字，分爲乙字、正宮、六字、凡字、小工、尺字、上字等七調。乙字最高，正宮次之，六字、凡字又次之；上字最低，尺字次之。惟小工調爲高低適中，今之詞曲皆以小工調爲準，而於「工」字所起之字即爲調名。如：乙字調係在小工調「乙」字上起「工」，即名乙字調；正宮調於小工調「五」字上起「工」，即名正宮調；六、凡、尺、上各調，皆於小工調「六、凡、尺、上」各字上起「工」。北曲有「乙、凡、一」三字，南曲不用，以此分別。按，《宋史·樂志》有「勾」字，最高爲蕤賓之聲。今譜無「勾」而有「乙」，亦最高。疑「乙」即「勾」字之訛也。

為明確小工調在工尺七調中的基礎地位，謝元淮還專門製成「小工調系統工尺七調圖」，對這一新型的宮調系統作進一步說明。（圖7-9）

以上謝元淮所論，完全可視爲對「小工調工尺七調體系」的理論歸納和總結。在這一宮調系統中，各調均以筒音作「合」（徵）的小工調爲基礎，爲確保與正宮調系統調名統一，特選用新調「角」音（首調唱名「工」字）對應的正調音級命名新調。小工調工尺調名系統的確立晚於正宮調工尺七調系

〔註90〕〔清〕謝元淮：《碎金詞譜·凡例》，《續修四庫全書》（第1737冊）影印清道光刻本，上海：上海古籍出版社，2003年，第9頁。

圖7−9：《碎金詞譜·凡例》所載「工尺七調結構圖」〔註91〕

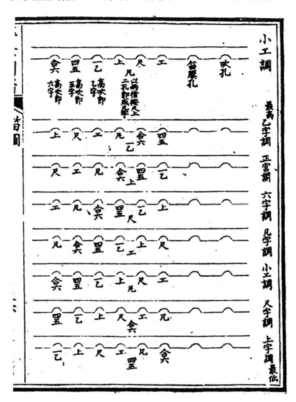

統，這與本章第一節所述清代戲曲傳承方式的轉型，以及演唱讀譜的現實需要密切相關。由於清代戲曲音樂工尺譜的大規模湧現，小工調工尺調名體系出現後即迅速推行開來，至清末已形成完備的工尺七調系統，不僅為《過雲閣曲譜》等諸多戲曲工尺譜所用〔註92〕，甚至成為其它傳統音樂品類最為常用的調名體系之一。現將清代以來逐漸流行的「小工調工尺七調系統」列表整理如下，以備查考（表7−3）：

〔註91〕清末王錫純編輯、李秀雲校訂的《過雲閣曲譜》，成書於同治九年（1870年），是一部戲班演唱的崑腔譜。其譜不標唐宋俗樂宮調，直接注以小工調系統的工尺七調。參見《續修四庫全書》（第1757冊）影印清刻本《過雲閣曲譜》，上海：上海古籍出版社，2003年。

〔註92〕文字及圖片，參見〔清〕謝元淮《碎金詞譜·凡例》，《續修四庫全書》（第1737冊）影印清道光刻本，上海：上海古籍出版社，2003年，第15頁。

表 7-3：以小工調為基礎的工尺七調系統一覽表

六勻孔笛孔位（近吹口孔為一）		筒		六		五	四			三		二	一	
譜字（合為調首）		合		四		一	上			尺		工	凡	
通雅	詞塵	A	♭B	B	C	#C	D	#D	♭E	E	F	#F	G	#G
子母調	乙字調	宮		商		角	清			徵		羽		變
梅花調	上字調	變	宮		商		角		清		徵		羽	
背工調	尺字調	羽		變	宮		商			角	清		徵	
平調	小工調	徵		羽		變	宮			商		角	清	
絃索調	凡字調	清		徵		羽		變		宮		商		角
淒涼調	六字調	角	清		徵		羽			變	宮		商	
正調	正宮調	商		角	清		徵			羽		變	宮	

　　值得注意的是，在小工調為基礎的工尺七調系統中，管色樂器筒音為小工調首調唱名「合」字，其與宋代樂律文獻中作為調首音的「合」字內涵並不相同。以北宋沈括《夢溪筆談》之《補筆談》等為代表的樂律文獻中，「合」字作為管色筒音與黃鐘律高相配，〔註93〕作為其宮調理論基礎的是「合」為調首的正聲音階。但元明之後宮調系統中的管色筒音，在俗樂律高和下徵音階廣泛應用的影響下，已由宋代大晟律 d^1 逐漸轉變為俗樂律 a^1，即原正聲音階的林鐘律（固定工尺譜字「尺」）徵音，基礎音階也出現向下徵音階轉移的傾向。這就是朱載堉所說的：「今民間笛六孔全閉低吹為『尺』，即下徵也。徵下於宮，故曰下徵，即林鐘倍律聲也。」〔註94〕這種情況在小工調工尺七調流行的有清一代依然如故。

〔註93〕中央民族學院藝術系文藝理論組：《〈夢溪筆談〉音樂部份注釋》，北京：人民音樂出版社，1979 年，第 64 頁。

〔註94〕參見〔明〕朱載堉《律呂精義》外篇卷四，馮文慈點注，北京：人民音樂出版社，2006 年，第 929～930 頁。有關下徵音階的歷史淵源與使用，可參見本文第六章第一節相關論述。

　　從小工調譜字採用的首調唱名看,「上」字配宮的傳統亦很早用於音樂實踐。明朱載堉《律呂精義・旋宮琴譜第九之上》載有古琴正調調弦法,其一至七絃音律分別爲:黃鍾、太簇、仲呂、林鍾、南呂、黃鍾清、太簇清,又說:「一弦十徽實音爲宮,二弦十徽實音爲商,三弦十一徽實音爲角,四絃十徽實音爲徵,五弦十徽實音爲羽,六弦十徽實音爲少宮,七絃十徽實音爲少商,此古所謂正調也。」〔註95〕由於古琴十徽實音比散音高純四度,十一徽實音比散音高大三度,可知朱載堉所言古琴正調各散音階名爲:倍徵、倍羽、宮、商、角、徵、羽清,形成一個以仲呂「上」字爲宮的音階。由此可見,以徵作調首、以「上」字爲宮的下徵音階,在音樂實踐中早已採用(儘管其工尺唱名可能爲固定調)。清人胡彥昇《樂律表微》卷四「附論俗樂」,對「上」字配「宮」音的傳統亦有專論,其文曰:

　　　　今按沈存中《筆談》云,據唐人《琵琶錄》,以爲挑琴之法,須先以管色「合」字定宮弦。自《筆談》述此說,而北宋至明代皆以「合」字爲宮,此大誤也。夫俗樂「工」、「六」二字之間隔「凡」字,「五」、「上」之間隔「一」字,「上」、「尺」、「工」三字相連,「五」、「六」二字相連。雅樂角、徵之間隔變徵,宮、羽之間隔變宮,宮、商、角三音相連,徵、羽二音相連。故上即宮也,尺即商也,工即角也,六即徵也,五即羽也,一即變宮也,凡即變徵也。

〔註96〕

　　胡彥昇在對比工尺譜字和宮商階名結構的基礎上,明確提出「上即宮也,尺即商也,工即角也,六即徵也,五即羽也,一即變宮也,凡即變徵也」,認爲這種以「上」作「宮」的工尺譜唱名,同樣是北宋至明代工尺譜應用中不可忽視的問題,實際論證了小工調首調唱名的久遠歷史。將「上」字作宮的唱名方式與「徵」作調首的管色下徵音階相配合,便共同構成以小工調爲基礎的工尺調名系統的基本理論來源。

2、小工調宮調體系的訛變與正宮小工系統混用

　　小工調工尺七調系統爲確保宮調形態與正宮調系統一致,特以新調「角」

〔註95〕〔明〕朱載堉:《律呂精義內篇・旋宮琴譜第九之上》卷六,北京:人民音樂出版社,2006年,第190～192頁。

〔註96〕〔清〕胡彥昇:《樂律表微》卷四「附論俗樂」,《文淵閣四庫全書》(電子版),上海人民出版社、迪志文化出版有限公司出版,標準書號:ISBN 7-980014-91-X/Z52。

音（「工」字）對應的小工調首調音位命名新調。但由於音樂實踐中人們往往更加重視宮音（首調「上」字），習慣以宮音所在位置標示調高，便使小工調系統調名逐漸產生訛變——以新調「宮」音對應的筒音為「合」的小工調音列譜字，作為命名新調的基本依據，也就是「只看以小工調之何字孔為上（宮），便為何字調」，結果造成與原來小工調工尺調名系統的錯位，使工尺七調形態進一步複雜化。

這種調名系統，在當下許多傳統樂種中依然應用。例如，流行於河北邯鄲地區的永年吹歌，其中的嗩吶七調分別為：合字調、四字調、乙字調、上字調、尺字調、工字調、凡字調。〔註 97〕各調名與宮音所在音孔位置以及筒音首調唱名間的對應關係，可概括如下：

合字調——筒音合作宮——筒音合作 do

四字調——一孔四作宮——筒音合作 si（♭si）

乙字調——二孔乙作宮——筒音合作 la

上字調——三孔上作宮——筒音合作 sol

尺字調——四孔尺作宮——筒音合作 fa

工字調——五孔工作宮——筒音合作 mi

凡字調——六孔凡作宮——筒音合作 re

山西晉北一帶的嗩吶音樂，七調名稱依次為：本調、四字調、乙字調、上字調、凡字調、背工調、六眼調。〔註 98〕其宮調體系也屬於小工調系統調的訛變形式。聞名遐邇的西安鼓樂，平調笛所用為「六、尺、上、五」調名系統。以西安城隍廟鼓樂社所用平調笛（筒音合為 c^2）為例，各孔音位可圖示如下（圖 7−10）：

圖 7−10：西安鼓樂平調笛音位圖

〔註97〕榮慧蕎：《北方五省嗩吶調名的考察與研究》，中央音樂學院碩士學位論文，
　　　　2012 年，第 2 頁。

〔註98〕榮慧蕎：《北方五省嗩吶調名的考察與研究》，中央音樂學院碩士學位論文，
　　　　2012 年，第 2 頁。

　　其「六、尺、上、五」四調與宮音位置和筒音首調唱名的對應關係爲：六字調──筒音合作宮──筒音合作 do；五字調──一孔四作宮──筒音合作 ᵇsi；上字調──三孔上作宮──筒音合作 sol；尺字調──四孔尺作宮──筒音合作 fa，使用的同樣是典型的「小工調工尺七調體系訛變」的命名方式。

　　除重視宮音的傳統使小工調工尺七調體系發生訛變外，正宮調與小工調兩大系統的混用，也會使工尺七調形式產生較大變化，甚至出現以正宮調（五字調）爲基礎，以新調首調唱名「工」字（角，小工調系統轉調關鍵音）位置命名各調的調名系統。以近人沈浩初編訂、民國十八年（1929 年）刊行的《養正軒琵琶譜》爲例，沈氏首先對「正工調」的內涵予以界定：「燕樂起調先正工音，正工調者，正乎工位也。」可知該譜是以正宮調爲基礎的命名系統。關於轉調關鍵音及新調的命名原則，《養正軒琵琶譜》曰：

　　　　凡轉調必將前調之乙字作工，而定名宜以正工爲主。……（四字調）此乃第七調，即以第六調之乙字作工，其音適當正工四字部位，故名四字調。或以在小工尺字部位，故又名尺字調者，未免有誤。〔註99〕

　　所謂「以第六調之乙字作工」，即將新調角音（首調「工」字）作爲轉調關鍵音。按照這種工尺調命名方式，《養正軒琵琶譜》的宮調內涵，表現出「正宮調基礎調」與「小工調轉調關鍵音」混用的特點（沈氏明確說明「或以在小工尺字部位，故又名尺字調者，未免有誤」，可見這不是以小工調爲基礎調的命名體系），形成更爲複雜的工尺七調命名方式。吳曉萍《中國工尺譜研究》一書認爲：「《養譜》（引者按，即《養正軒琵琶譜》）的命調體系確實存在問題，其錯誤之處在於它混淆了兩種命調方法，改變了基礎調卻沒有相應地改變轉調的關鍵音，以『正宮調』爲基礎調卻仍以『工』字爲轉調的關鍵音，而正確的方法是以『五』字作爲轉調的關鍵音，因此造成了同名異調或同調異名的混亂局面。」〔註100〕這一論述正確指出了《養正軒琵琶譜》宮調命名存在的疑問，對研究近世琵琶工尺調名具有啓發意義。另一方面，如果我們從明清以來宮調理論變遷的大背景考察，將《養譜》的這種獨特宮調命名方式，視爲正宮調與小工調兩種宮調系統相互影響、相互制約的結果，是傳統樂種諸多工尺譜調名訛變形態中的一種，抑或有「橫看成嶺側成峰」之感。現將《養

〔註99〕沈浩初：《養正軒琵琶譜》卷上，1929 年印刷發行。
〔註100〕吳曉萍：《中國工尺譜研究》，上海：上海音樂學院出版社，2005 年，第 183 頁。

正軒琵琶譜》爲代表的工尺調名訛變形成的宮調體系列表如下（表7−4）：

表7−4：《養正軒琵琶譜》工尺調名關係表（兩系統混用）

六匀孔笛孔位（近吹口孔爲一）	筒	六		五		四		三		二		一	
譜字（尺爲調首）	尺	工		凡		六		五		乙		上	
參考音高	A	♭B	B	C	♯C	D	♯D	♭E	E	F	♯F	G	♯G
凡字調	宮		商		角	清			徵		羽		變
六字調	變	宮		商		角		清		徵		羽	
四字調（五字調）	羽		變	宮		商			角	清		徵	
乙字調	徵		羽		變	宮			商		角	清	
上字調	清		徵		羽	變			宮		商		角
尺字調	角	清		徵		羽			變	宮		商	
正工調（正宮調）	商		角	清		徵			羽		變	宮	

三、工尺七調系統的演化之二──以乙字調爲基礎的調名體系及其訛變

以正宮調和小工調爲基礎的兩大宮調命名系統，構成清代以來傳統音樂宮調應用的核心。在此基礎上，人們依據實踐需要不斷探索，又提出與這兩大系統相一致的新的命名原則。文獻記載顯示，繼正宮調系統和小工調系統之後，到清朝末期工尺七調又演化出第三種調名方式，即以乙字調爲基礎、以新調變宮音（首調唱名「乙」字）爲轉調關鍵音的宮調命名系統。清載武《樂律明眞解義・調》曰：

> 七音俱備，錯綜絡繹而成韻者爲調。音既共七，調亦有七。若以簫笛任指一音爲宮，則得一調。周而指之，必得七調。……今之調名，以工尺之七字爲名，如簫、笛皆以乙字調爲主。簫以前面之中第三孔定爲乙字，即是乙字調。若別調，只看以乙字調之何字孔爲乙字，便爲何字調。如以乙字調之工字孔爲乙，即是工字調；如

以乙字調之六字孔爲乙字，即是六字調。笛同此理，笛以膜下之第
一孔爲乙字，即是乙字調。笙與管亦若是。〔註101〕

載武生活於晚清時期，自稱無爲散人，是清朝皇室成員，正紅旗近枝第四族宗室，生平事跡不詳，著有《樂律明眞明算》、《樂律明眞立表》、《樂律擬答》、《樂律明眞解義》，均成書於光緒年間（1871～1908 年）。在這段文字中載武指出，當時通行的宮調均以工尺七字標示調高，笛、簫的調名系統則以「乙字調」爲參照、以首調唱名「乙（變宮）」作爲轉調的關鍵音，其所言「以乙字調之何字孔爲乙字，便爲何字調」，就是對「乙字調爲基礎的工尺七調體系」的簡明概括。對於笛上七調而言，作爲基礎的乙字調以「膜下之第一孔爲乙字」，即以笛筒音作爲「上」字。現將乙字調宮調系統中各調在笛上的分佈情況列表如下（表7-5）：

表7-5：以乙字調爲基礎的工尺七調系統一覽表

六匀孔笛孔位（近吹口孔爲一）		筒		六		五	四			三		二		一
譜字（上爲調首）		上		尺		工	凡			六		五		乙
通雅	詞塵	A	♭B	B	C	♯C	D	♯D	♭E	E	F	♯F	G	♯G
子母調	乙字調	宮		商		角	清			徵		羽		變
梅花調	上字調	變		宮		商	角			清		徵		羽
背工調	尺字調	羽		變		宮	商			角		清		徵
平調	小工調	徵		羽		變	宮			商		角		清
絃索調	凡字調	清		徵		羽	變			宮		商		角
淒涼調	六字調	角		清		徵	羽			變		宮		商
正調	正宮調	商		角		清	徵			羽		變		宮

〔註101〕〔清〕載武：《樂律明眞解義》，《續修四庫全書》（第116 冊），上海：上海古籍出版社，2003 年，第392～393 頁。

在載武總結的這種乙字調宮調命名系統中，笛色筒音「上」字作「宮」的乙字調，成為衍生其它調高的基礎調，「上」字也自然與正宮調系統中的「尺」或小工調系統的「合」字一樣，成為這一宮調體系的「調首」音。表中菱形框內的「變」即音階變宮位，是新調命名的關鍵音，其對應的乙字調首調音級名稱，被作為新調命名的基本依據。綜合分析三種工尺調名體系可知，其命名結果與正宮調系統和小工調系統所得七調完全一致。

載武的這段論述中，還提到乙字調宮調系統在簫上的應用，其內涵需稍作說明。《樂律明真解義》說簫上作為基礎參照的乙字調，係「以前面之中第三孔定為乙字」。其所言「前面之中」，需結合同書以下論述明瞭其意，《樂律明真解義·調》曰：

> 蓋簫先將第一背孔為乙字音，第二孔為四字音，第三孔為合字音，第四孔為凡字音，第五孔為工字音，第六孔為尺字音，第七雙孔為上字音，此定為小工調。若改別調，即將小工調之何孔定為工字，便以是孔之原字為其調名。如以小工調之六字作為工字，是即為六字調，餘者可以類推。〔註102〕

一般說來，清代曲笛筒音多為 a^1，簫筒音較笛子低純五度，為 d^1。文中所說「第七雙孔為上字音」，即簫筒音作為「上」，「上（宮）＝D」正是笛子小工調調高。載武所述簫上工尺七調結構，可列表如下（表7－6）：

表7－6：清載武《樂律明真解義》所述「簫上七調」結構表

簫音孔位	參考音高	小工調	凡字調	六字調	五字調	乙字調	上字調	尺字調
第一背孔	$^\#$C／C	乙	四(五)	合(六)	凡	工	尺	上
第二孔	B／$^\flat$B	四(五)	合(六)	凡	工	尺	上	乙
第三孔	A／$^\flat$A	合(六)	凡	工	尺	上	乙	四(五)
第四孔	G／$^\#$G	凡	工	尺	上	乙	四(五)	合(六)
第五孔	$^\#$F／F	工	尺	上	乙	四(五)	合(六)	凡
第六孔	E／$^\flat$E	尺	上	乙	四(五)	合(六)	凡	工
第七雙孔(筒音)	D	上	乙	四(五)	合(六)	凡	工	尺

〔註102〕〔清〕載武：《樂律明真解義》，《續修四庫全書》（第116冊），上海：上海古籍出版社，2003年，第392頁。

　　表中工尺譜字均爲各調首調唱名，即「上」字爲宮、「尺」字爲商……，以此類推。將此表與前文正宮調或小工調系統工尺七調表相對照，可知各工尺調名的調高完全一致。小工調演奏時，簫的第一背孔爲乙字。若將簫前面自上而下第三孔（即上表所列第四孔）定爲乙字，便得到乙字調調高，這就是載武所言「簫以前面之中第三孔定爲乙字，即是乙字調」的宮調內涵。以此調爲基礎，以新調乙字（變宮）爲關鍵音，便得到其它各調的工尺調名，其內涵與正宮調系統和小工調系統調名與調高完全一致。

　　從前文所引朱載堉和胡彥昇等人論述可知，「上」字配宮音的傳統由來已久；將首調唱名「上」作爲宮音並移至笛色筒音，成爲該宮調系統的調首，是某些傳統樂種風格的現實需要，其歷史的久遠性可能遠超乎人們想像。楊蔭瀏先生在《中國音樂史上新舊音階的相互影響》一文指出：「以『合』爲調首的工尺字譜也有轉移到『上』去的傾向。這種轉移，開始是在北宋以前，經元明清三代，還在照樣進行。」〔註103〕楊先生的這一論述表明：儘管從文獻記載看，以乙字調爲基礎的工尺七調命名體系自清末才出現系統理論總結，但其宮調邏輯結構的核心觀念很早便在音樂實踐中應用。這是宮調系統爲適應特定音樂風格需要，對樂律實踐法則作出的最優化選擇。

　　與正宮調和小工調命名系統一樣，乙字調工尺調名體系同樣存在訛變使用的問題，其中之因亦源自人們對宮音位置的重視，具體表現方式是：以筒音作「上」的原乙字調音階爲基礎（正調），以新調「宮」音（首調唱名「上」字）對應的乙字調首調音列譜字，作爲命名新調的基本依據。套用載武之論，即「只看以乙字調之何字孔爲上（宮），便爲何字調」，結果造成各調調名與原來乙字調系統的錯位。按照這種宮調命名方式，工尺七調的相互關係可列表如下（表7－7）：

〔註103〕楊蔭瀏：《中國音樂史上新舊音階的相互影響》，載《楊蔭瀏音樂論文選集》，上海：上海文藝出版社，1986年，第82～92頁。

表7－7：以乙字調為基礎的工尺七調訛變系統

六匀孔笛孔位 （近吹口孔爲一）	筒	六	五	四	三	二	一
譜字（上爲調首）	上	尺	工	凡	六	五	乙
參考音高	A　ᵇB　B	C　#C　D	#D　ᵇE　E	F　#F	G　#G		
上字調	宮	商	角	清	徵	羽	變
尺字調	變　宮	商	角　清	徵	羽		
小工調	羽	變　宮	商	角　清	徵		
凡字調	徵	羽	變　宮	商	角　清		
六字調	清	徵	羽　變	宮	商	角	
五字調	角　清	徵	羽	變　宮	商		
乙字調	商	角　清	徵	羽	變　宮		

　　需要注意的是，在這種工尺調名體系中，笛色各音位按筒音爲「上」的原乙字調音階排列，但由此衍生出的七種調名卻無一與「乙字調系統」相合。訛變系統中雖然同樣有「乙字調」名稱，但已非與正宮調和小工調系統相合的、筒音作宮的乙字調了。

　　以上爲調首、以新調宮（上字）音位置命名的乙字調訛變系統，在現今遼寧、冀東等鼓吹樂中都有留存。例如，遼寧嗩吶傳統七調名爲：本調、六個眼、梅花調、背調、老本調、悶工調、四調；〔註104〕冀東嗩吶七調名稱爲：本調、尺字調、小悶工調、倍調、六字調、大悶工調、侉調。〔註105〕兩樂種均將筒音作宮的原乙字調作爲「本調」，是乙字調系統特徵的明確體現；冀東嗩吶調名中的尺字調、小悶工調、六字調等名稱，即從乙字調訛變系統中生發而來。遼寧與冀東嗩吶音樂中難以直接辨認樂學內涵的調名，筆者認爲是

〔註104〕楊久盛：《遼寧嗩吶傳統調名考釋》，《樂府新聲》1992年第3期。
〔註105〕唐山地區群眾藝術館編：《唐山地區嗩吶曲集》，1980年6月，油印本。

該樂種根據其它命名原則所得，它們並非出自同一命名方式，而是不同時代宮調系統調名混用、疊加的結果。〔註106〕

　　本節依據文獻史料和傳統音樂遺存，梳理了明清自俗樂二十八調轉型為工尺調名後，不同工尺命名體系的歷史演化邏輯、樂學內涵特徵和相互聯繫。不難看出，在有明以來的工尺調名實踐應用中，存在「正宮調系統──小工調系統──乙字調系統」的演化歷程，每種工尺七調命名系統在特定歷史時期的文獻和曲譜中均有體現。不僅如此，這些基礎調名和轉調關鍵音不一的各系統調，在保持相互調名和調高關係一致的同時，也在傳統音樂的豐富實踐中不斷轉型發展，依照「尊崇上字宮音」或「不同系統混用」等原則，訛變出多種類型的宮調體系，使工尺調名與調高的對應關係呈現出紛繁複雜、豐富發展的局面。當下傳統音樂中廣為採用的分別以「合」、「尺」、「上」等為調首的工尺記譜系統〔註107〕，以及在這些宮調系統基礎上的變化應用，都是我國源遠流長的宮調理論系統自唐宋一路走來，歷經明清工尺調轉型與豐富發展後，在現存傳統音樂實踐中積澱遺留和繼續施用的結果。

　　現綜合本節所述，將有清一代工尺調名實踐中出現的正宮調、小工調、乙字調三大命名系統，以及在此基礎上訛變出的五種其它類型工尺調名體系列表對照如下，以備查考（表7－8）：

〔註106〕關於傳統樂種調名的歷史層累與樂學內涵，筆者將在本章第三節結合樂種實例進一步說明。

〔註107〕吳曉萍女士的專著《中國工尺譜研究》（上海：上海音樂學院出版社，2005年），較全面呈現出現存以「合」、「尺」、「上」為調首的工尺譜（俗字譜）的記譜特點、樂學形態及其在當下傳統音樂中的應用情況，可為相關問題的深入研討提供參考。

表7-8：三種系統工尺七調原調與訛變調名對照表

笛色孔位 （近筒音孔為一） 〔註108〕		⓪筒	一	二	三	四	五	六
音位譜字 （首調）	正宮調系統	尺	工	凡	六	五	乙	上
	小工調系統	合	四	一	上	尺	工	凡
	乙字調系統	上	尺	工	凡	合	四	乙
笛色筒音		宮	變宮	羽	徵	清角	角	商
原三種系統工尺七調		乙字調	上字調	尺字調	小工調	凡字調	六字調	正宮調
正宮調系統訛變調名		尺字調	工字調	凡字調	六字調	五字調	乙字調	正宮調
小工調系統訛變調名		六字調	五字調	乙字調	上字調	尺字調	工字調	凡字調
乙字調系統訛變調名		上字調	尺字調	工字調	凡字調	六字調	五字調	乙字調
正宮小工混合訛變調名		凡字調	六字調	五字調	乙字調	上字調	尺字調	工字調
乙字小工混合訛變調名		工字調	凡字調	六字調	五字調	乙字調	上字調	尺字調
乙字正宮混合訛變調名		五字調	乙字調	上字調	尺字調	工字調	凡字調	六字調

　　上表所列五組工尺七調名稱，可總體分為兩種類型。第一種，即新調的轉調關鍵音與基調調名一致。如新調轉調關鍵音為「工」，基調調名為小工調，即形成小工調工尺七調系統；新調關鍵音為「五」，基調調名為正宮調（五字調），即得正宮調工尺七調系統；新調關鍵音為「乙」，基調調名為乙字調，即得乙字調工尺七調系統。其命名結果即表中「原三種系統工尺七調」一行所列七調。在這種宮調系統類型中，新調與基礎調的關係可概括為：以某字調（甲字調）為基礎，以新調的首調某字（甲字）對應的某字調（甲子調）譜字（丙字），作為命名新調調名的依據，成為某字調（丙字調）。

　　第二種類型，即新調的轉調關鍵音與基調調名不一致。這種情況下，若以宮音作為轉調關鍵音，分別與正宮調、小工調、乙字調相對應，則形成「正宮調系統訛變調名」、「小工調系統訛變調名」、「乙字調系統訛變調名」三種不同的調名體系。若將原三種系統中的轉調關鍵音與正宮調、小工調和乙字

〔註108〕為與現代吹管樂器音位命名次序一致，這裡將靠近筒音的音孔標記為第一號，與清人著述中對管色按孔位置的標注順序正好相反。

調三種基礎調混合使用，則可獲得另外三種宮調系統，即：《養正軒琵琶譜》
所用以正宮調爲基礎混以小工調系統關鍵音「工」的「正宮小工混合訛變調
名」，以乙字調爲基礎混以小工調系統關鍵音「工」的「乙字小工混合訛變調
名」，以乙字調爲基礎混以正宮調系統關鍵音「五」的「乙字正宮混合訛變調
名」。現存傳統音樂中形態各異、結構不一的工尺調名體系，其主體邏輯關係
均可從上述兩種宮調類型中獲得闡明。

第三節　冀東嗩吶與智化寺京音樂的宮調內涵與歷史淵源

　　唐宋以來至於明清的傳統音樂實踐中，先後出現兩大影響廣泛的宮調系
統，即以俗樂二十八調爲核心的宮調系統，和以工尺七調及其衍變爲基礎的
工尺調名系統。兩大系統在宮調理論的歷史演變中前後承接又各自獨立發
展，構成現存各類傳統音樂宮調體系的主體結構原則。從當前傳統音樂採用
的諸多宮調形態看，廣泛採用「工尺七調」系統者有之，以唐宋俗樂調名命
名者有之，以手指所按笛孔數目或笛的開孔數命名調高者亦有之。最後一種
系統產生的調名，如「三眼調」、「兩個頭調」等〔註109〕，屬直接依附於樂器
結構和演奏技法的宮調名，形象直觀、易於辨認，這裡暫不討論。以工尺七
調或俗樂調名爲基礎的宮調系統，則往往因調名的諸種訛變、混用而使傳統
音樂宮調呈現出較爲複雜的形態。

　　本著的初步研究表明，如果我們嘗試從兩大宮調系統的歷史演變角度，
對當前紛繁複雜的諸多傳統音樂調名予以解析，其內在樂學邏輯並非渾然無
解。儘管傳統音樂實踐中對調名的選擇，往往因樂器機制、樂種風格和音
樂傳統等制約而複雜多變，但這些形式繁雜的調名都可以在宮調歷史的「有
序演化」與「因勢訛變」中獲得統一。限於篇幅，本著不可能對所有傳統
音樂品類的宮調類型予以解說，這裡僅以冀東嗩吶音樂和智化寺京音樂所
用調名系統爲例，剖析明清以來「工尺七調」系統與唐宋俗樂調名系統在
當下的積澱，窺見傳統音樂宮調系統「有序演化」與「因勢訛變」情形之
一斑。

〔註109〕參見中國藝術研究院音樂研究所、《中國音樂詞典》編輯部編：《中國音樂詞
　　　　典》「調門」詞條，北京：人民音樂出版社，1984年，第80～81頁。

一、冀東嗩吶七調的樂學內涵與歷史淵源

1、冀東嗩吶七調及其邏輯結構

地理學意義上的冀東地區，包括今唐山、秦皇島大部以及天津北部的寧河、寶坻、薊縣，廊坊北三縣三河、香河、大廠，北京東部諸縣通州、順義、平谷、密雲等地區，其中唐山、秦皇島一帶是冀東的核心區域。冀東嗩吶是冀東地區廣泛流行的民間器樂形式，長期以來爲人民大眾喜聞樂見。由於其音樂中包含大量民間歌曲、戲曲、曲藝唱段，因而又有「吹歌」之稱，在全國器樂體裁中佔有重要地位。冀東吹歌樂隊的基本編制爲：兩支嗩吶、一個堂鼓、一副小鑔，特殊情況下也使用笙、管、笛、胡琴等樂器。

冀東地區的吹歌特點是使用大杆喇叭，常用者爲一尺二寸的「二杆子」。按音區和尺寸大小，唐山嗩吶可分爲以下四種：（1）海笛子，又名海札子，長六市寸，音域爲$^bb^1-c^4$，爲高音嗩吶；（2）三機子，長八寸，音域爲$^ba^1-{}^bb^3$，爲次高音嗩吶；（3）二嗩吶，又名二杆，長一尺二寸，音域爲$^be^1-f^3$，爲中音嗩吶；（4）大嗩吶，又名大杆，長一尺四寸，音域爲$^bb-c^2$，爲低音嗩吶。冀東嗩吶演奏時，傳統習慣使用兩支嗩吶，一支擔任旋律主奏，藝人稱之爲「尖」；另一支屬配奏，演奏低八度或同度旋律，藝人稱之爲「塌」，二者配合默契自然。嗩吶吹奏採用循環換氣技巧，音量宏大，曲調莊重華麗，可分爲秧歌曲、漢吹曲、牌子曲三大類。由於冀東嗩吶演奏中變奏與改變調式手法繁多，一個母曲可以變化出三四十種變體，因此音樂極爲豐富。〔註110〕

冀東嗩吶音樂使用的傳統調名，一些著述中已有較系統整理，現將筆者所見冀東嗩吶七調名稱羅列如下，以備進一步分析參考：

1、 冀東嗩吶七調：本調、尺字調、小悶工調、倍調、六字調、大悶工調、倚調。〔註111〕

2、 另一種稱謂：本調、尺字調、小悶工調、背調、梅花調、大悶工調、倚調。〔註112〕

〔註110〕以上敘述，參見唐山地區群眾藝術館編《唐山地區嗩吶曲集》，1980年6月，油印本，第1～3頁。

〔註111〕唐山地區群眾藝術館編：《唐山地區嗩吶曲集》，1980年6月，油印本。

〔註112〕王杰：《鼓吹樂述略》，《中國民族民間器樂曲集成》（河北卷），北京：中國ISBN中心，1997年。

表7-9：冀東嗩吶七調及其與歷史調名對應關係一覽表

通催	黄山	數度	律呂	五體	筒		一	二		三		四	五		六		冀東一	冀東二	冀東三	冀東四	冀東五
音孔譜字（尺為筒音）					尺		工	凡		六		五	乙		上						
音孔譜字（合為筒音）					合		四	一		上		尺	工		凡						
音孔譜字（上為筒音）					上		尺	工		凡		六	五		乙						
律呂					A	♭B	B	C	♯C	D	♭E	E	F	♯F	G	♯G					
子母	乙字	乙字	正宮	一字	宮		商		角	清		徵		羽		變	本調	本調	本調	本調	本調
梅花	上字	梅花	高宮	上字	徵		羽		變	宮		商		角	清		尺字調	尺字調	梅花調	一字調	六眼調
背工	尺字	青工	中呂	尺字	商		角	清		徵		羽		變	宮		小閉工工	小閉工工	小閉工工	小閉工工	小閉工梅花調
平調	青四	凌凉	道宮	工字	羽		變	宮		商		角	清		徵		倍調	背調	倍調	反調	背調
絞索	平調	凡字	南呂	凡字	角	清		徵		羽		變	宮		商		六字調	梅花調	老本調	六眼平調	乙字調
凄涼	凡字	合字	仙呂	合字	變	宮		商		角	清		徵		羽		大閉工工	大閉工工	大閉工工	大閉工工	大閉工
正調	六字	正宮	黄鐘	正宮		徵		羽		變	宮		商		角	清	傍調	傍調	傍調	傍調	傍調大尺字調

★四五度關係調名；
★乙字調訛變系統調名；
★三種體系混用調名
★歷史遺存調名；
★他風格系統調名

3、另一種稱謂：本調、梅花調、小悶工調、倍調、老本調、大悶工調、侉調。〔註113〕

4、另一種稱謂：本調、一字調、小悶工調、反調、平調（六眼）、大悶工調、侉調、本調、頂眼。〔註114〕

5、另一種稱謂：本調、六眼調、小悶工調（梅花調）、背調、乙字調、大悶工調、侉調（大尺字調）。〔註115〕

以上五種略有差異的工尺調名及其與歷史調名的對應關係可歸納如下（表7-9）。其中，表頭「音孔譜字」欄分「尺爲調首」、「合爲調首」和「上爲調首」三種情況；表格左側諸調，是清代文獻《通雅》、《竟山樂錄》、《數度衍》、《五禮通考》和《律話》中記載的主要調名；右側是相關論著中記載的冀東地區嗩吶七調名稱。

2、冀東嗩吶七調的樂學內涵與歷史淵源

從上表（表7-9）所列五例冀東嗩吶的七調名稱看，這些調的命名自成系統，不僅內部存在統一的邏輯關係，一些調名還與其相應的歷史名稱一致，反映出冀東嗩吶音樂的悠久歷史和蘊含的文化變遷。總體而言，冀東嗩吶調名體系的樂學內涵，可大致總結爲如下五類。

（1）四五度關係之調名——本調、倍（背）調、老本調

冀東嗩吶七調的各種命名方式中，都將筒音作 do 的指法視爲「本調」，即該樂種調名體系的基礎。以本調爲基礎，其上方純四度調（筒音作 sol）稱爲「倍（背）調」，其下方純四度調（筒音作 fa）稱爲「老本調」。這三個調之間呈出上下四、五度關係，相互支撐。若設筒音爲 A，則三調間的五度支撐關係如下表所示（表7-10）：

表7-10：冀東嗩吶基礎三調結構表

調　名	老本調	本　調	倍（背）調
調高（宮音）	1＝E	1＝A	1＝D
筒音（首調）	筒＝A＝凡	筒＝A＝上	筒＝A＝合

〔註113〕參見網址 http://tieba.baidu.com/p/2185778708，2014 年 9 月 24 日。

〔註114〕榮慧蕎：《北方五省嗩吶調名的考察與研究》，中央音樂學院碩士學位論文，2012 年，第 2 頁。

〔註115〕韓溪：《河北地方音樂》（下冊），石家莊：河北科學技術出版社，1993 年，第 735 頁。

（2）乙字調訛變系統之調名

從「冀東嗩吶七調及其與歷史調名對應關係一覽表」（表7－9）可知，冀東嗩吶七調的大部份調名，採用的並非清代以來盛行的小工調系統工尺七調，而是以乙字調爲基礎、以「上」（宮）爲調首的乙字調系統的訛變形式，即以乙字調爲正調，以新調「宮」音（即首調唱名「上」字）對應的乙字調音列譜字，作爲命名新調的依據，也就是「只看以乙字調之何字孔爲上（宮），新調便爲何字調」。這一命名原則涵蓋了冀東嗩吶音樂中的如下各調，即：筒音爲 si 的「尺字調」，宮＝尺；筒音爲 la 的「小悶工調」，宮＝工；筒音爲 sol 的「反調」，宮＝凡，這裡的反調有正調之反（高純四度）之意，也可反、凡相通，「反調」即「凡調」；筒音爲 fa 的六字調，宮＝六。

（3）三種工尺七調體系混用之調名

冀東嗩吶七調中筒音爲 si 的「一字調」和「六眼調」，是乙字調基礎音列和正宮調系統關鍵音「羽」（「五」）相結合名調的結果——羽音指示乙字調「乙」音，故名一字調；羽音位於第六按音孔，故名六眼調。筒音爲 fa 的「六眼調」和「乙字調」。二者調名是乙字調基礎音列和小工調系統關鍵音「角」（工）結合命名的結果——角音指示乙字調「乙」音，故名乙字調；角音位於第六按音孔，故名六眼調。

（4）歷史遺存之調名

筒音爲 la 的「小悶工調」，名稱與《通雅》中的「背工調」、《數度衍》中的「閉工調」相同，「悶工」、「背工」、「閉工」內涵一致，即按閉第一指孔「工」音之意。第一指孔代表的「工」音，是正宮調調名體系中的音位名稱。「小悶工調」同時折射出自身蘊含的清代初期以正宮調爲主體的調名系統的歷史信息。筒音爲 mi 的「大悶工調」，表面看係因全按時筒音爲 mi（首調唱名「工」）而得名。但從調名歷史變遷看，實與《數度衍》「六字調」注文存在淵源，其文曰：「六字，即低閉工，又名雙調。」〔註116〕「低閉工調」這一名稱後演化爲「大悶工調」，二者淵源一目了然。

（5）他風格系統之調名

冀東嗩吶七調中有「侉調」之名。「侉調」一詞不含工尺譜字，以「侉」

〔註116〕〔清〕方中通：《數度衍》卷首下「簫笛七調陞降圖説」條，見《文淵閣四庫全書》（電子版），上海人民出版社、迪志文化出版有限公司出版，標準書號：ISBN 7-980014-91-X/Z52。原圖參見本文第六章。

名調似有其特殊內涵。筆者翻閱歷史文獻，參以唐山地方俚語，並結合其它地域調名與音樂風格特點，對「侉調」含義有如下心得。首先，從歷史文獻方面看，「侉調」一詞較早見於明代沈寵綏（？～1645 年）的《度曲須知・曲運隆衰》，其文曰：

> 予猶疑南土未諧北調，失之江以南，當留之河以北，乃歷稽彼俗，所傳大名之【木魚兒】，彰德之【木斛沙】，陝右之【陽關三疊】，東平之【木蘭花慢】，若調若腔，已莫可得而問矣。惟是散種如【羅江怨】、【山坡羊】等曲，彼之篥、箏、渾不似（即今之琥珀詞）諸器者，彼俗尚存一二，其悲淒慨慕，調近於商，惆悵雄激，調近正宮，抑且絲揚則肉乃低應，調揭則彈音愈渺，全是子母聲巧相鳴和；而江左所習【山坡羊】，聲情指法，罕有及焉。雖非正音，僅名「侉調」，然其愴怨之致，所堪舞潛蛟而泣嫠婦者，猶是當年逸響云。〔註 117〕

在沈寵綏看來，大名、彰德、東平〔註 118〕等地（今冀南、豫北、魯西一帶）流傳的【羅江怨】、【山坡羊】等曲，雖然並非古時北曲正宗，僅僅被人們稱爲「侉調」，但因其風格悲愴哀怨，同樣體現著當年北曲的流風餘韻。由此可知，魯西南、豫北、冀南一帶的音樂，在明代已被時人稱爲「侉調」。唐山地區方言俚語中亦有「侉子」之說，指說話口音跟本地語音不同的外鄉人，多含貶義。舊時唐山地區有「山東侉子不打腰」的說法，即在唐山謀生的山東人低人一等之意，因此「侉子」在唐山俚語中也特指代山東人。據此推測，唐山嗩吶調名中的「侉調」，其背後代表的很可能是山東地區音樂。這與明代沈寵綏對「侉調」流行地域的敘述也相契合。

從「冀東嗩吶七調及其與歷史調名對應關係一覽表」（表 7－9）可知，冀東嗩吶上的侉調演奏指法，係筒音作 re。考當今山東魯西南嗩吶音樂，筒音作 re 者占絕大多數。統計表明，「《中國民族民間器樂曲集成・山東卷》中的魯西南鼓吹樂部份所收錄的樂曲，56 首曲子中就有 30 首使用筒音爲 re 的指

〔註 117〕〔明〕沈寵綏：《度曲須知・曲運隆衰》，載中國戲曲研究院編《中國古典戲曲論著集成》（第五冊），北京：中國戲劇出版社，1959 年，第 199 頁。

〔註 118〕筆者按，大名即宋朝陪都北京大名府，明朝初年（1401 年）被洪水淹沒。清代大名府轄一州六縣，即開州、大名縣、元城縣、南樂縣、清豐縣、東明縣、長垣縣。彰德即明代彰德府，領磁州、安陽、湯陰、臨漳、林縣、武安、涉縣共 1 州 6 縣，後改屬河南布政使司。東平即明代東平州，領轄汶上、東阿、平陰、陽谷、壽張 5 縣。

法，占 53%，……魯西南地區的藝人們在初學嗩吶時，也是先學筒音為 re 的指法，可見筒音為 re 的『正把』本調指法應用之多」〔註119〕。大凡具有濃鬱魯西南鼓吹樂特色的曲子，一般都採用筒音作 re 的指法演奏，如《百鳥朝鳳》、《一枝花》等，以突顯旋律進行中「re－#fa－sol」的地域特性音調。「侉調」指法與山東嗩吶本調指法均筒音作 re，二者間的一致性表明，冀東嗩吶七調中的「侉調」應源於山東地區音樂，是歷史上山東鼓吹樂在冀東一帶傳播過程中形成的調名。「侉調」這一名詞，折射出唐山與山東兩地音樂文化交流的深刻印記。

　　冀東與山東兩地音樂文化交流的歷史背景，可追溯到清代以來中原百姓向唐山、東北地區的大遷徙，其標誌性事件就是清末及民國時期的「闖關東」。所謂「闖關東」，即清朝末年及民國時期，大批中原、江北百姓由於自然災害、清政府號召移民實邊等原因，被迫或主動跨過山海關以及渡過渤海，到東北地區闖蕩、墾荒和定居的過程。事實上，中原、江北居民向冀東與東北地區的遷徙，早在清朝初期已大規模進行。相關資料顯示，1644 年至1667 年清廷搬行《遼東招民開墾條例》，規定「招至百者，文授知縣，武授守備」，其間「魯民移民東北者甚多」，許多遼東地區因移民而「地利大辟，戶益繁息」。河北以及河南的百姓大多遷至鞍山、遼陽和營口，山東百姓大多遷至大連和丹東。1668 年至 1860 年，為維護東北地區固有風俗和保護八旗生計，康熙七年（1688 年）清廷下令「遼東招民授官，永著停止」，對關東實行禁封政策，期間關內和關外移民以及相應的文化受到一定影響。但由於 19 世紀黃河下游連年遭災，成千上萬的破產農民依然不顧清政府禁令，冒著被懲罰的危險「闖」入關東，形成聲勢浩大的「闖關東」移民潮。清末沙俄侵略東北，清政府不得不於 1860 年在關東局部馳禁放荒，1897 年全部開禁，中原至東北的移民形成高潮。據不完全統計，1912～1949 年間，山東人闖關東數量平均每年 48 萬人，總數超過 1830 萬，大約占全部闖關東人口（3700 萬）的一半。1949 年之後，東北地區的山東人達 700 多萬，約占當時東北總人口（4000 萬）的 17%，而當時全國人口僅為 5.4 億（1953 年第一次人口普查）。闖關東可說是人類有史以來最大的人口遷徙運動之一。〔註120〕

〔註119〕榮慧蕎：《北方五省嗩吶調名的考察與研究》，中央音樂學院碩士學位論文，2012 年，第 19 頁。
〔註120〕以上有關「闖關東」的歷史敘述，參見「百度百科」，http://baike.baidu.com/

在這一聲勢浩大、持續近三百年的人口遷徙中，大量中原人口移居東北，但也有一小部份在冀東尤其唐山地區定居下來。〔註121〕這些外來居民中不乏技藝高超的樂手，他們將風格獨特的魯西南鼓吹樂傳至冀東地區，在民間喪葬、婚慶等民俗場合推廣使用。在山東鼓吹樂與冀東當地原有鼓吹相互融合的過程中，前者嗩吶特色鮮明的風格和指法運用，滲透到冀東嗩吶音樂並與後者深度融合，以致在冀東嗩吶原有調名系統中單列「侉調」一詞，指示魯西南鼓吹樂的代表性演奏方法。冀東嗩吶音樂中的「侉調」，蘊含著豐富的歷史音樂文化交流信息。據韓溪先生等編著的《河北地方音樂》記載，冀東嗩吶七調中的「侉調」又被稱為「大尺字調」〔註122〕，實際採用的就是筒音首調唱名為 re（尺）的演奏指法，這與前述魯西南一帶嗩吶本調的指法完全一致。從「筒音作 si 的尺字調」到「筒音作 re 的大尺字調（侉調）」，從「筒音作 la 的小悶工調」到「筒音作 mi 的大悶工調」，冀東嗩吶七調中的一系列調名，展現出自身豐厚的樂學內涵和歷史淵源。這一傳統樂種的宮調系統，蘊含了不同時期、不同方式的宮調定名方法，是歷史上各地傳統音樂文化融彙、變遷、積澱的生動體現。

二、智化寺京音樂四調邏輯結構及其與二十八調的對應關係

智化寺京音樂是我國北方佛教音樂的重要組成部份，其淵源至遲可追溯至明正統十一年（1446 年）智化寺建寺之時。智化寺京音樂淵源深厚、傳承有序，有五百七十多年歷史，今已傳至第 27 代。作為明英宗寵信太監王振的家廟用樂，智化寺音樂自誕生之時便與明代宮廷禮儀用樂密切相關，一些曲牌甚至可上溯至唐宋時代，較多地保存了唐宋以來古代音樂的歷史信息，有著中國古代音樂「活化石」的美譽。據 1953 年 1 月楊蔭瀏先生等人對智化寺京音樂的調查，該寺京音樂的常用調名有四個，依照僧人們自己的稱呼，分別是「正調、背調、皆止調、月調」。京音樂的音階以「合」為調首音，正調音階「合、四、一、上、尺、工、凡、六」中的「凡」為「高凡」位，若將「合」字改寫為「上」，則正調音階可與現今一般流行的小工調音階相對應，

---

subview/607757/8408247.htm?fr=aladdin，2014 年 9 月 26 日。

〔註121〕以筆者家族為例，據老人回憶和家譜記載，本族八代祖李德即為山東人，清中後期從山東遷徙至唐山豐南定居。

〔註122〕韓溪：《河北地方音樂》（下冊），石家莊：河北科學技術出版社，1993 年，第 735 頁。

即「上、尺、工、凡、六、五、乙、仩」。

　　智化寺京音樂四調中的「正調」和「背調」，爲傳統樂種所常見，通常爲互成五度相生關係的兩種調高，但「皆止調」和「月調」的使用並不多見。在 1953 年的《智化寺京音樂採訪報告》中，楊蔭瀏先生針對「皆止調」和「月調」指出：「這兩調的名稱，疑心流傳有誤：皆止調疑是歇指調之誤，月調疑是越調之誤。」〔註 123〕楊先生的這一見解，爲我們考證京音樂調名含義，及其與唐宋俗樂二十八調體系的淵源關係，提供了重要線索。另一方面，智化寺京音樂四調屬明代傳統器樂所用調名體系，也是明清時代工尺七調命名系統的具體實踐和體現。唐宋俗樂調系統和明清工尺調系統，以及這兩種宮調命名體系轉型過程中的某些特徵，在作爲「活化石」的智化寺京音樂的「四調」關係中，均有不同程度的遺留和應用。下文即以此爲出發點，對智化寺京音樂四調的邏輯結構與歷史淵源作簡要剖析。

　　依照 20 世紀 50 年代智化寺所用笙、笛、管子和雲鑼等樂器的定音（定調）規範，智化寺京音樂的黃鐘標準音高（即正調「合」字音高）爲 f¹，智化寺四調的絕對調高分別爲：正調，1＝F；背調，1＝ᵇB；皆止調，1＝ᵇE；月調，1＝C。〔註 124〕從調高關係看，京音樂四調可形成一個以月調爲起點、以四度關係爲紐帶的調關係鏈，即：月調（C）——正調（F）——背調（ᵇB）——皆止調（ᵇE）。從調名稱看，這四調又可分爲兩組，即相距四度關係的正調和背調，以及處於四度鏈兩端、相距小三度且爲二十八調調名遺存的月調和皆止調。智化寺京音樂四調的四度調關係結構，應與古代音樂理論中的五度相生原則相關；月調、皆止調的歷史調名信息，亦透露出京音樂宮調與俗樂二十八調的某些關聯。

1、四度調關係鏈——智化寺京音樂四調的邏輯結構基礎

　　智化寺京音樂使用的「正調」和「背調」並非該樂種獨有，其調名在我

〔註 123〕楊蔭瀏：《智化寺京音樂採訪報告（一）》，中央音樂學院中國古代音樂研究室
　　　　採訪記錄第一號，採訪時間：1953 年 1 月 1～4 日，採訪者：楊蔭瀏。載於
　　　　中國藝術研究院音樂研究所編《楊蔭瀏全集》（第 6 卷「樂種研究」），南京：
　　　　江蘇文藝出版社，2009 年，第 188 頁。

〔註 124〕本著所論智化寺京音樂四調調高，以楊蔭瀏先生上世紀 50 年代採訪時的絕對
　　　　音高爲準。據筆者 2014 年 12 月對智化寺京音樂第 27 代傳人胡慶學先生的採
　　　　訪，自 20 世紀 50 年代以後，智化寺音樂的調高已變更爲黃鐘＝E，即管子
　　　　筒音爲「合＝E」，「四調」調高亦各降低小二度，變爲：正調「1＝E」、背調
　　　　「1＝A」、皆調「1＝D」、月調「1＝B」。

國北方其它樂種中亦較常見，如山西晉北、遼寧和冀東地區的嗩吶音樂，其中「正調」又有「本調」之稱，「背調」又有「反調」、「背調」之名。在遼寧與冀東地區的嗩吶音樂調名中，又有「老本調」這一稱謂，均以筒音作 Fa（凡）的指法演奏，為本調下方的純四度調。前文論述表明，這些樂種的宮調命名均以嗩吶筒音作「Do」的「本調」指法為基礎，同時參照筒音高度、樂曲風格、樂調傳統等因素，作為該樂種調名體系的命名依據。

從表 7-10 所列調性關係可知，「老本調——本調——倍（背）調」的調性連接，在調高（宮音位置）方面呈現出完整的四度相生關係，本調作為遼寧與冀東嗩吶樂種最常用的調高，可獲得來自老本調和倍（背）調的上下純四度的調性支撐。傳統音樂的這種調性關係，與西方古典音樂將屬調作為主調的最重要支撐，又使主調擁有來自屬和下屬兩個方向的支撐相比，既有相通之處，亦有中國民族音樂的自身特點。我們知道，中國傳統音樂理論中最基本的調關係，是原調與其上方的五度相生關係調，這是先秦即已形成完滿理論構架的三分損益（五度相生）原則在調性關係中的體現。但若以調性的「五度相生原則」為理論起點，對於傳統音樂實踐中廣泛存在的諸如「正調」與「倍（背）調」間的四度調關繫連接，又該如何恰切地理解呢？筆者認為，這其中涉及到傳統音樂的「宮調理論總結」與「具體實踐操作」的相互關係問題，進一步講，即宮調理論架構的「順旋原則」與管色應用實踐的「逆旋操作」間的對應與易位問題。

所謂「宮調理論架構的順旋原則」，即以正調為中心、以五度相生關係為紐帶結合起來的調關係鏈條。以智化寺正調（1＝F）為例，其順旋調高組合應為：皆止調（♭E）——背調（♭B）——正調（F）——月調（C），但這種突出「背調」核心地位、顛倒正調背調相生關係的五度鏈組合，並不能很好地說明智化寺京音樂的宮調實踐情況。所謂「管色應用實踐的逆旋操作」，即以管子筒音「合」（F）為參照點，以筒音分別作「上（清角）——合（宮）——尺（徵）——五（商）」為基本原則，形成筒音首調唱名（或音階階名）間的五度相生輪轉，進而構成四調調高的四度相生關係。從智化寺四調的內在結構邏輯看，顯然後者形成的調高關係更符合音樂實踐規範。現將依調高五度順旋與筒音五度逆旋原則所得的智化寺四調，及二者間的對應關系列表如下（表 7-11）：

表7-11：智化寺京音樂調高五度順旋與筒音五度逆旋對照表

調高的五度順旋	皆止調（^{b}E）	背調（^{b}B）	正調（F）	月調（C）
筒音的五度順旋	筒＝F＝上（清角）	筒＝F＝合（宮）	筒＝F＝尺（徵）	筒＝F＝五（商）
調高的五度逆旋	月調（C）	正調（F）	背調（^{b}B）	皆止調（^{b}E）

　　由於管子筒音首調唱名的不同選擇，決定著演奏指法和各孔音列結構，直接與藝人的表演實踐密切相關，因此管色樂器定調時的筒音唱名，便成為人們首要關注的問題。筒音的首調唱名明確後，所奏音階的宮音位置（即調高）也就自然確定下來。也就是說，在這種定調、轉調過程中，筒音的首調唱名是因，確定的宮音調高是果。正是由於筒音唱名的五度逆旋，較之調高的五度順旋更具實踐操作性，最終使「四度調關係鏈」成為智化寺京音樂四調結構的邏輯基礎和基本原則。

　　智化寺京音樂「筒音逆旋、四度相生」的宮調結構特徵，與我國古代樂律發展史中一以貫之的「重實踐」傳統一脈相承。美學家李澤厚先生在探討中國思想文化的基本特質時，曾提出著名的「實用理性」論斷，他指出：「先秦各家為尋找當時社會大變動的前景出路而授徒立說，使得從商周巫史文化中解放出來的理性，沒有走向閑暇從容的抽象思辨之路（如希臘），也沒有沉入厭棄人世的追求解脫之途（如印度），而是執著人間世道的實用探求。……中國的實用理性是與中國文化、科學、藝術各個方面相聯繫相滲透而形成、發展和長期延續的。」〔註125〕以此關照中國古代傳統樂律學歷程，可以看到遠古至後世各時期的重要理論成果，幾乎都深受這種實用理性精神的影響。無論是舞陽賈湖骨笛的音孔設計模式、管子生律法以徵為最低音的實踐、同律度量衡傳統、律曆合一傳統、以管定律以弦定音傳統，還是荀勖笛律的管口校正、梁武帝四通十二笛、折紙法在確定孔位徽位中的應用等等，都是立足音樂實踐的樂律理論探索，處處閃爍著實用理性指導下馭繁於簡的智慧光芒。〔註126〕以智化寺京音樂為代表的北方傳統管樂演奏，正是在重視實踐的理性思維下，使筒音五度逆旋的四度調性關係，成為建構自身宮調理論體系的重要原則。

〔註125〕李澤厚：《中國古代思想史論‧試談中國的智慧》，《中國思想史論》（上），合肥：安徽文藝出版社，1999年，第307、308、309頁。

〔註126〕詳細論證，參見筆者《「應用律學」課程建設的初步構想》一文，中國音樂學院音樂科技系「應用律學」課程講義，未刊稿。

2、智化寺京音樂四調的逆旋實踐及其與南宋二十八調的對應關係

智化寺京音樂所用樂器，承載著我國古代音樂文化的重要信息。例如，智化寺笙的形制爲「十七簧滿字笙」，爲北宋大樂所用笙的舊制；所用管子爲九孔，亦與北宋教坊篳篥形制相符。這些歷史信息，爲我們探討京音樂與古代音樂的淵源關係，提供了重要例證。對於宮調結構而言，管子的結構與音位尤其值得重視，它是溝通智化寺四調「筒音逆旋、四度相生」結構特徵與宋代俗樂二十八調系統的重要橋梁。

管子在古代又稱篳篥，在唐宋時期的鼓吹樂和教坊樂中被稱爲「頭管」，其演奏者擁有類似今日樂隊首席的地位。篳篥也是是當時音樂實踐中校音定律和旋宮轉調的重要樂器，對俗樂二十八調理論體系的形成具有舉足輕重的作用。〔註127〕北宋陳暘《樂書》卷第一百三十「樂圖論·胡部·篳篥」條末注文曰：「今教坊所用，上七空、後二空，以五、凡、工、尺、上、一、四、六、勾、合十字譜其聲。」〔註128〕今日智化寺所用管子，形制亦爲前七、背二的九孔形制，但在音位使用方面與陳暘所記音位，約略有如下三點區別：其一，宋教坊九孔管子中的背二孔應「勾」字，是旋宮轉調實踐中的關鍵音位；智化寺管子雖然也有此音孔，但在演奏正、背、皆、月四調時基本不用，九孔管的「勾」字逐漸廢棄。其二，宋教坊管子的正面上方兩音孔與背一孔，發音分別爲五、凡、六；智化寺京音樂在演奏時，正面第二孔應正調凡、六二字，第一孔應乙、仩二字，背一孔爲五字。也就是說，現今智化寺管子的平吹音域，通過對指法和哨片的控制，比陳暘所載超出三度音程，使平吹最高音與筒音間形成十一度音程關係。其三，宋代教坊管子樂譜爲俗字譜形式，演奏中採用固定唱名法讀譜；現今智化寺京音樂所用爲古代俗字譜的變化形式，但演奏中已改爲「合作宮」的首調唱名法讀譜。

除上述三點外，智化寺管子與北宋教坊篳篥大體一致，較好地保存了古代音樂的歷史信息。尤其二者的筒音「合」均爲 f¹，智化寺管子「正調」與宋教坊「正宮調」音列完全一致，都是以「合」爲調首的正聲音階「合、四、

〔註127〕篳篥是唐宋宮調理論建構和旋宮音樂實踐的重要樂器，有關唐宋俗樂二十八調的應律樂器機制與管色實踐基礎等問題的探討，參見本著第一章第一節，另見李宏鋒《唐宋俗樂二十八調的管色實踐基礎》，《南京藝術學院學報（音樂與表演版）》2015 年第 2 期。

〔註128〕〔宋〕陳暘：《樂書》卷第一百三十「樂圖論·胡部·篳篥」條，清光緒丙子春（1876 年）刊本。

一、上、尺、工、高凡、六」。以此正聲音階為基礎，智化寺管子演奏正調時筒音作「合」，奏背調時筒音作「尺」，奏皆止調時筒音作「四」，奏月調時筒音作「上」。據南宋張炎《詞源》總結的二十八調結構表，[註129]可以推知宋教坊管子上的二十八調用音指法，其中：正宮均筒音「合」作「宮」，道宮均筒音「合」作「徵」，黃鍾宮均筒音「合」作「商」，南呂宮均筒音「合」作「清角」。由於智化寺的首調工尺記譜系以「合」作「宮」，因此其管子正調筒音「合」即音階「宮」音，背調筒音「尺」即音階「徵」音，皆止調筒音「四」為音階「商」音，月調筒音「上」為音階「清角」。智化寺京音樂四調調高與筒音，與宋代俗樂二十八調系統各均，可實現嚴格的對應關係，如下所示：

智化寺正調──宋教坊正宮均──管子筒音作「宮」；

智化寺背調──宋教坊道宮均──管子筒音作「徵」；

智化寺皆止調──宋教坊黃鍾宮均──管子筒音作「商」；

智化寺月調──宋教坊南呂宮均──管子筒音作「清角」。

宋俗樂二十八調的基本結構為「七均四調」，即七種具有五度相生關係的調高形成「七均」，每均選擇正聲音階中的宮、商、羽、閏四種音級作為煞聲構成「四調」，共得到二十八種不同的調名。入元代以後，音樂實踐中二十八調部份宮調的煞聲指向逐漸模糊，但各宮調在調高方面依然保留著原有的「管色指法」和「均主」含義，存留的宋俗樂宮調「七均傳統」成為指示調高的重要標誌，並與明代以來以笛色為基礎的「工尺七調」系統相接衍。[註130]考慮到宋元以來俗樂宮調體系的這種形態結構轉化，以上總結中特將智化寺京音樂四調與俗樂二十八調的七均調高相對應，而未列出各均商、羽、閏位煞聲對應的俗樂調名。

智化寺京音樂四調中的「皆止調」和「月調」，在現今其它傳統樂種宮調中並不多見。據楊蔭瀏先生在 1953 年《智化寺京音樂採訪報告》中提出「皆止調疑是歇指調之誤，月調疑是越調之誤」的觀點，可知兩調與歷史上的俗樂二十八調系統應存在一定關聯。楊先生進一步指出：「若這種猜想不錯，則這兩個調的應用，尤其是歇指調的應用，是值得注意的。越調在元代以後，

〔註129〕參見楊蔭瀏《中國古代音樂史稿》（上冊）之「依張炎《詞源》列八十四調表」，北京：人民音樂出版社，1981 年，第 439 頁。

〔註130〕詳細論述，參見本著第五章第一節。

直到現在，崑曲中間有著它的曲調，絃索譜上載著它的定弦方法（《北西廂絃索譜》、《絃索十三套譜》），還比較容易得到實例。流行於唐、宋兩代的歇指調則不然；自宋張炎時代而後，它似已近乎失傳。在元周德清的《中原音韻》和陶宗儀的《輟耕錄》中，都不見它的蹤跡；《雍熙樂府》（1566 年出版）序中雖然也應用了歇指調這一名稱，但在它所收的歌詞中，卻連一首屬於歇指調的詞都沒有；可見此調在那時候已經很少有人應用。現在京音樂還用這一調名；在瞭解它歷史的來源時，這至少可以作為一種參考。」〔註131〕

　　楊蔭瀏先生的論述，提示出智化寺「皆止調」和「月調」與歷史上俗樂二十八調間的可能聯繫，值得重視。據楊先生所列「張炎《詞源》八十四調表」可知，宋代二十八調系統中的越調，位於黃鍾宮均，屬黃鍾宮均正聲音階商調式；歇指調位於南呂宮均，屬南呂宮均正聲音階商調式。依北宋教坊律黃鍾為 f¹，則越調管子筒音作「商」，調高為「宮＝ᵇE」；歇指調管子筒音作「清角」，調高為「宮＝C」。以 20 世紀 50 年代智化寺筒音為 f¹ 的管子為準，其月調管子筒音作「清角」，調高為「宮＝C」，皆止調管子筒音作「商」，調高為「宮＝ᵇE」。若將「月調」、「皆止調」與「越調」、「歇指調」從名稱上簡單對應，前者的筒音指法和實際調高與二十八調傳統恰恰相反。應如何理解智化寺所用月調、皆止調與宋俗樂二十八調之越調、歇指調調高易位的現象？智化寺京音樂與二十八調系統相同調名的調高不相一致，是否說明二者間並不存在歷史的承繼關係呢？答案是否定的。筆者看來，造成這種宮調現象的原因，即前文所述智化寺京音樂四調結構中的「逆旋實踐」原則。

　　所謂「逆旋實踐」，即智化寺京音樂宮調以管子演奏為基礎，首先確立筒音唱名的五度逆旋原則，形成四調之間的四度調關係鏈條，成為京音樂宮調系統的邏輯結構基礎。智化寺正調與背調揭示出的「筒音逆旋實踐、調高四度相生」的宮調結構特徵，同樣適用於解說月調與越調、皆止調與歇指調的調高易位問題。事實上，不僅智化寺四調中存在管子筒音的逆旋，唐宋俗樂二十八調的宮調結構中同樣應用了這一原理。據張炎《詞源》所列二十八調結構表，我們可以仙呂宮均調高為起點，按照「七均」調高的五度順旋相生

〔註131〕楊蔭瀏：《智化寺京音樂採訪報告（一）》，中央音樂學院中國古代音樂研究室採訪記錄第一號，採訪時間：1953 年 1 月 1～4 日，採訪者：楊蔭瀏。載於中國藝術研究院音樂研究所編《楊蔭瀏全集》（第 6 卷「樂種研究」），南京：江蘇文藝出版社，2009 年，第 188 頁。

和「七宮還原」原則，將二十八調各均調關係及其與筒音的對應情況，總結如下（圖 7－11）：

圖 7－11：俗樂二十八調調高順旋與筒音逆旋圖

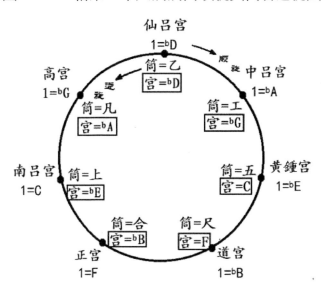

上圖中的外圈調名爲俗樂二十八調中的七個宮調，按照五度相生原則順旋排列。其中南呂宮（1＝C）到高宮（1＝ᵇG）的轉換，從形式上看雖然爲減五度連接，與嚴格的純五度相生邏輯不符，但依照傳統音樂實踐的「七宮還原」技法，高水平樂手完全可實現七種調高的順暢轉換，二十八調七均在輪轉時並不存技術障礙。究其原因，即在於此處調高「五度相生」所用的「五度」，並非嚴格的五度相生律（702 音分）純五度，而是「七宮還原」的管色實踐所特有的狹五度（686 音分）。〔註132〕這種與十二平均律相差 14 音分的狹五度，在音樂進行時的調高轉換中難以察覺，是形成俗樂二十八調七均圓轉無礙旋宮的核心要素。圖 7－11 中內圈的七個筒音，是以「合」爲宮的正聲音階首調唱名，自仙呂宮「筒＝乙」出發五度逆旋，可得到七

〔註132〕有關「七宮還原」的音高測量和技術分析，參見李來璋《七宮還原》，《中國音樂學》1991 年第 2 期；關於「七宮還原」五度相生的形態結構，可參見李宏鋒《判天地之美，析萬物之理——論律學研究在音樂遺產保護中的作用》一文對「七宮還原」的律學分析，載田青、秦序主編《音樂類非物質文化遺產保護國際學術研討會論文集》，北京：文化藝術出版社，2009 年，第 211 頁。

均調高對應的管子筒音唱名。五度順旋的七種調高與五度逆旋的七種筒音方案，二者互為表裏、互為因果，實現了俗樂宮調理論與管色實踐的完滿結合。

「俗樂二十八調調高順旋與筒音逆旋圖」（圖7－11），同樣適用於解釋智化寺京音樂的四調結構。以各調調高和管子筒音唱名為準，智化寺的正調應正宮、背調應道宮、月調應南呂宮、皆止調應黃鍾宮。依張炎俗樂二十八調結構，越調應屬黃鍾宮均，歇指調應屬南呂宮均。從圖中所列順旋、逆旋次序可知，之所以出現月調、皆止調與越調、歇指調的易位，原因就在於本應順旋排列的二十八調七均調高，被採用與筒音輪轉同樣的方式，以五度逆旋排列使用的結果。圖中內圈方框內調高，即以七均逆旋方式排列。以此為基礎，本應屬於黃鍾宮均的月調（越調），便於南呂宮均（1＝C，筒＝上）相對應；本應屬於南呂宮均的皆止調（歇指調），便於黃鍾宮均（1＝ᵇE，筒＝五）相對應。整個二十八調調名，呈現出以「仙呂宮均」為軸心的鏡像對稱特徵，如下表所示（表7－12）：

表7－12：俗樂二十八調鏡像對稱結構中的智化寺調名

	——	【背調】	——	——（仙呂宮）	——	【正調】	——
順旋調高 黃鍾＝f¹	1＝ᵇA	1＝ᵇB	1＝C	1＝ᵇD	1＝ᵇE	1＝F	1＝ᵇG
逆旋筒音	⼯	尺	上	乙	六	合	凡
俗樂調名	中呂宮	道　宮	南呂宮	仙呂宮	黃鍾宮	正　宮	高　宮
	——	——	歇指調	仙呂為軸 鏡像對稱	越　調	——	——
			【皆止調】		【月調】		
對稱調高	宮＝ᵇG	宮＝F	宮＝ᵇE	宮＝ᵇD	宮＝C	宮＝ᵇB	宮＝ᵇA

上表宮調結構中，各宮調以仙呂宮為對稱軸，左右兩側調名呈鏡像分佈。其中，黃鍾宮、南呂宮為仙呂宮上下方二度調，正宮、道宮為仙呂宮上下方三度調，高宮、中呂宮為仙呂宮上下方四度關係調。最末行的「對稱調高」，係以1＝ᵇD為中心對「順旋調高」的翻轉，由此便形成黃鍾宮均的越調（月調）與南呂宮均的歇指調（皆止調）與「宮＝C」和「宮＝ᵇE」調高的對應關係。智化寺京音樂四調亦呈現出以仙呂宮為軸的對稱分佈特徵，如表中魚尾號（「【　】」）內的黑色調名所示。這種情況，應屬於唐宋俗樂二十八調

在流傳過程中的變異。智化寺京音樂使用的月調、皆止調與歷史調名相比，儘管在含義上存在調高逆旋與調名順旋的易位，但從其歷史淵源看依然屬二十八調調名的遺存，體現著宋元以來二十八調各調名中「煞聲」含義的淡化和「七均調高」的保留，及其與明清工尺七調體系之間接衍、混用的歷史事實。

三、明代工尺七調系統在智化寺京音樂中的體現

智化寺京音樂四調除與唐宋俗樂二十八調體系存在關聯外，由於其音樂本身就是明代宮廷禮儀用樂的遺存，因此這「四調」又必然與明代廣泛採用的工尺七調系統相吻合。下文即以智化寺所用轉調手法和樂器音律為基礎，探討京音樂「四調」乃至「七調」的宮調結構規範，及其與明代工尺七調系統的內在聯繫。

1、智化寺京音樂工尺調名的結構規範

根據 20 世紀 50 年代智化寺樂僧對京音樂轉調方式的論述，四調的轉換方法之一，就是「用正調各階的階名來配合各調中的『五』音，如：正調『六』＝皆調『五』，正調『工』＝月調『五』，正調『尺』＝背調『五』。」楊蔭瀏先生在《智化寺京音樂採訪報告》中，還記載了與智化寺僧人廣有交往的何叔達先生關於智化寺宮調的講述：

> 「京音樂規定七調，是正、皆、越、背、凡、一（啞一）、工（啞
> 工），而常用者為正、皆、月（越）、背，餘三調早不習用，現在只
> 正、背兩調，由於笙的轉調便利存在；情形如此。」何叔達君又講
> 起京音樂的轉調關鍵在「五」字，他說：「四字（五字）在正調音孔
> 某位，即稱某調。」〔註 133〕

以上記載，可為我們瞭解京音樂四調的內在結構和轉調方法提供重要參考。《中國音樂詞典》「民間工尺七調」條目論及調高的轉換方法時提到：「一般根據曲笛孔序所示各調工尺字音位的相互關係以定調名，而以『正調』（正宮調）或『小工調』為基準。……另一種方法以『正宮調』為基礎調，翻調

〔註 133〕楊蔭瀏：《智化寺京音樂採訪報告（一）》，中央音樂學院中國古代音樂研究室
採訪記錄第一號，採訪時間：1953 年 1 月 1～4 日，採訪者：楊蔭瀏。載於
中國藝術研究院音樂研究所編《楊蔭瀏全集》（第 6 卷「樂種研究」），南京：
江蘇文藝出版社，2009 年，第 195～197 頁。

時，即以『正宮調』的某一字當新調的『五字』並作爲新調調名，其結果與前者（筆者按，即小工調翻調系統）完全相同。」〔註134〕以此對照智化寺京音樂以「五」字爲轉調關鍵音，以「正調」即笛子筒音作「尺」的正宮調（五字調）爲基準的轉調方法，可知京音樂四調所屬調名系統即以「正宮調」（正調）爲基準的工尺七調系統，而並非近代廣泛流行的以「小工調」爲基準的調名系統，儘管二者翻調的最終結果完全一致。

　　上世紀 50 年代智化寺所用笛子與一般曲笛發音不同，其六孔全按後的筒音爲 c^2，比一般曲笛六孔全按爲 a^1 高小三度。以笛子各孔音位爲基礎，智化寺「四調」乃至「七調」的各調音階及其與孔位的對應關係，可列表如下（表7-13）：

表7-13：智化寺京音樂曲笛七調音位表

笛子孔位	筒音	六孔		五孔		四孔		三孔		二孔		一孔		筒音
參考音高與調高	C	♭D	D	♭E	E	F	♯F	♭G	G	♭A	A	♭B	B	C
正　調　1＝F	尺		工		凡	六			五		乙	仩		伬
背　調　1＝♭B	四		一	上		尺			工		凡	六		五
皆止調　1＝♭E	工		凡	六		五			乙	仩		伬		仜
月　調　1＝C	合		四		一	上			尺		工		凡	六
乙字調　1＝G〔註135〕	上		尺		工		凡		六		五		乙	仩
上字調　1＝♭A	一		上	尺		工			凡	六		五		乙
凡字調　1＝♭D	凡	六		五		乙			仩	伬		仜		凡

　　上表中「笛子孔位」一行的孔序，乃以近筒音的按孔標爲「六孔」，以此類推，最上方按孔標記爲「一孔」。從「參考音高與調高」行可知，轉調時除筒音外，笛子各孔一般都擔負吹奏兩個相距小二度樂音的任務。翻調時，

〔註134〕中國藝術研究院音樂研究所、《中國音樂詞典》編輯部編：《中國音樂詞典》，北京：人民音樂出版社，1984 年，《中國音樂詞典》，第 269～270 頁。

〔註135〕筆者按，由於智化寺傳統吹管樂器音位控制的靈活性，加之音樂演奏中「低凡」和「高凡」位的不明確區分，以及「七宮還原」中狹五度的調性連接特徵，將智化寺京音樂中的乙字調定爲 1＝G 或 ♭G、將凡字調定爲 1＝♭D 或 D，在實際調高應用方面並不存在矛盾，均能實現七調的圓轉無礙連接。

新調的「五（四）」字對應正調某孔音位，即稱該調為「某調」。各調以「合（六）」為調首音，對應該調音階「宮」音。例如，背調的首調唱名「四」字對應正調第一孔「尺」，故背調又名「尺字調」，宮＝^bB；同理，皆止調即明清笛上七調中的「六字調」，宮＝^bE，月調即「小工調」，宮＝C。依據正宮調工尺七調系統定調邏輯，可推知智化寺京音樂中其它未得使用的三個調名，分別應是：乙字調，宮＝G；上字調，宮＝^bA；凡字調，宮＝^bD。楊蔭瀏先生在《智化寺京音樂採訪報告（一）》中對何叔達轉述的智化寺七調之論提出質疑，認為智化寺笛上早已不用的三種調名，應為凡字調、乙字調（不是「啞乙」）和上字調（不是「工」調或「啞工」調），並指出「錯誤的產生，可能由於在『早不習用』的情形之下，歷來僧人對之印象不深，口頭輾轉相傳，比較隨便，因此易於走樣。」〔註 136〕參考以上所列「智化寺京音樂曲笛七調音位表」，可知楊先生的分析是深有見地的。

　　然而，稍後幾個月對智化寺僧人的採訪記錄中，楊蔭瀏先生又記載說：「法廣與曾遠都說，『笛上有七調』；但他們卻都說，我們在《採訪記錄》（一）上根據了『何叔達君所說的翻調的方法，而推測出來的三調是錯的』；正、背、皆、月四調之外，『餘下的三調，為工調、乙調與凡調』。」並根據此次採訪內容，將智化寺其餘三調調高更正為：凡調（G 調，相當於曲笛凡字調指法），乙調（D 調，相當於曲笛上字調指法），工調（^bA 調，相當於曲笛六字調指法）。〔註 137〕筆者認為，智化寺僧人堅持其餘三調為工字調、乙字調和凡字調，從工尺七調構成邏輯講，與他們自己強調的「四字（五字）為轉調關鍵音」和「以正調音階為基礎，新調合字定宮、五字定調」的翻調原則並不相一致。從上文「智化寺京音樂曲笛七調音位表」（表 7－13）中可以看出，法廣與曾遠強調的工字調、乙字調和凡字調，恰恰是因正調音階「合」字對應的三調音級而得名。也就是說，這三調是以管子筒音或笛子四孔音「合」為核心，採用前文所述「筒音五度逆旋」方法形成的三種調高，是樂僧們以

〔註 136〕楊蔭瀏：《智化寺京音樂採訪報告（一）》，中央音樂學院中國古代音樂研究室採訪記錄第一號，採訪時間：1953 年 1 月 1～4 日，採訪者：楊蔭瀏。載於中國藝術研究院音樂研究所編《楊蔭瀏全集》（第 6 卷「樂種研究」），南京：江蘇文藝出版社，2009 年，第 197 頁。

〔註 137〕楊蔭瀏：《智化寺京音樂採訪報告（三）》，中央音樂學院中國古代音樂研究室採訪記錄第 21 號，採訪時間：1953 年 3 月至 4 月，採訪者：楊蔭瀏。載於中國藝術研究院音樂研究所編《楊蔭瀏全集》（第 6 卷「樂種研究」），南京：江蘇文藝出版社，2009 年，第 246～247 頁。

新調筒音的首調工尺唱名命名新調的結果。簡言之，這種調高的命名原則是：以正調音階為基礎，以正調「合」字對應的新調某字作為新調命名依據，亦即以管子筒音首調唱名命名調高的一種簡便方法，是智化寺樂僧以直觀的筒音五「逆旋」原則對五度「順旋」調高的稱謂。

據楊蔭瀏先生採訪，智化寺音樂的另一種轉調方式為「將正調的『六』作為一種標準音高，把它來配合各調中間的相當階名，如：正調『六』＝背調『尺』＝皆調『五』＝月調『上』」，智化寺雲鑼上四調的轉換同樣以「正六、皆五、月上、背尺」為口訣，以左側中間的正調「合」字鑼為轉調關鍵音，實際相當於管子的筒音，並指出用這些方法在各樂器上得到的調高，與以五字為核心的正宮調系統調名是完全一致的。〔註138〕若據法廣與曾遠強調的調名原則，智化寺常用四調中的正調應為六字調、背調為尺字調、皆止調為五字調、月調為上字調。由前文「俗樂二十八調調高順旋與筒音逆旋圖」（圖7－11）可知，這種調命名方法中「順旋」與「逆旋」的錯位與混用是顯而易見的，其結果無論與正宮調系統還是小工調系統的工尺七調體系均不相符，是智化寺音樂「口頭輾轉相傳，比較隨便，因此易於走樣」的體現。上述研究充分說明，對於探討傳統音樂的某些歷史形態特徵而言，當時人的口述材料固然重要，但並不意味著研究中對這些材料不加批判地全盤接受。我們應在充分佔有調查資料的基礎上，分析其自身結構的合理性，同時對矛盾處予以詳盡剖析，探尋其中蘊含的樂律學邏輯和歷史邏輯規律，深化傳統音樂的歷史形態研究。從這種意義上講，楊蔭瀏先生在《智化寺京音樂採訪報告（一）》中對智化寺其餘三調的分析與判斷是完全正確的，是後學相關研究得以參照的典範。

2、智化寺京音樂宮調與明代工尺七調的淵源關係

依據智化寺京音樂的調名結構和轉調原則，可明確其以「合字定宮、五字定名」為特徵的正宮調工尺系統命名方法。這種宮調系統淵源有自，在明清時代的相關文獻記載和音樂文物遺存中均可得到證實，進而從一個側面反映出智化寺京音樂的深厚歷史價值。例如，明末學者方以智所著《通雅》，就

〔註138〕楊蔭瀏：《智化寺京音樂採訪報告（一）》，中央音樂學院中國古代音樂研究室採訪記錄第一號，採訪時間：1953 年 1 月 1～4 日，採訪者：楊蔭瀏。載於中國藝術研究院音樂研究所編《楊蔭瀏全集》（第 6 卷「樂種研究」），南京：江蘇文藝出版社，2009 年，第 195、198～199 頁。

記載了明代「笛上七調」的翻調技法〔註139〕，其笛音以「尺」字爲生律起點，可知當時笛樂普遍以「尺」作爲筒音，與朱載堉記載的「民間笛六孔全閉低吹爲尺」〔註140〕情況吻合。所謂「每一調則閉二字」，即以宮、商、角、徵、羽五聲階名作爲確定新調調高的基本依據，所閉二字就是該調音階的兩個偏音音位。例如，平調所閉爲凡、上二字，可知凡字爲變宮位，平調即以正調「六（合）」爲宮的調高；梅花調所閉爲五、尺二字，可知尺字爲變宮位，梅花調即以正調「工」爲宮的調高；餘此類推。

　　比方以智稍晚的清初學者毛奇齡（1623～1716年），在《竟山樂錄》中對「笛上七調」音列有進一步說明〔註141〕，所載各調音列由低到高爲自新調「羽」音開始的五聲音階排列。各調後括號內文字爲毛奇齡原注，其中「放××」中的數字代表笛、簫音孔位置，以最靠近吹口處按孔標爲「一」，餘此類推，笛尾端最末按孔爲「六」，「放某某孔」所得爲該調羽音。《竟山樂錄》各調所「不用」的兩音，爲該調音階中的兩個偏音，與《通雅》中每調的「閉二字」音位完全一致（個別調名有出入）。《通雅》與《竟山樂錄》所述「笛上七調」音階及其對應的笛孔音位可列表如下（表7-14）：

表7-14：《通雅》、《竟山樂錄》「工尺七調」音位表

六勻孔笛孔位（近吹口孔爲一）		筒音	六孔		五孔		四孔		三孔		二孔		一孔	
笛音孔譜字		尺	工		凡		六		五		乙		上	
通　雅	竟山樂錄	A	^{b}B	B	C	$^\#$C	D	$^\#$D	^{b}E	E	F	$^\#$F	G	$^\#$G
子母調	乙字調	宮		商		角	中		徵		羽		變	
梅花調	上字調梅花調	變	宮		商		角		中	徵		羽		

〔註139〕　〔明〕方以智：《通雅》卷三十，《文淵閣四庫全書》（電子版），上海人民出版社、迪志文化出版有限公司出版，標準書號：ISBN 7-980014-91-X/Z52。原文參見本著第六章第二節，不贅。
〔註140〕　參見〔明〕朱載堉《律呂精義》外篇卷四，馮文慈點注，北京：人民音樂出版社，2006年，第930頁。
〔註141〕　〔清〕毛奇齡：《竟山樂錄》卷二「笛色七調譜」條，《文淵閣四庫全書》（電子版），上海人民出版社、迪志文化出版有限公司出版，標準書號：ISBN 7-980014-91-X/Z52。原文參見本文第六章第二節，不贅。

六勻孔笛孔位（近吹口孔爲一）		筒音	六孔		五孔		四孔		三孔		二孔		一孔	
笛音孔譜字		尺	工		凡		六		五		乙		上	
通雅	竟山樂錄	A	♭B	B	C	♯C	D	♯D	♭E	E	F	♯F	G	♯G
背工調	背四調 背宮調	羽		變	宮		商			角		中	徵	
平調	平調 西涼調	徵		羽		變	宮			商		角		中
絃索調	凡字調	中	徵		羽		變		宮		商		角	
淒涼調	六字調 絃索調	角		中	徵		羽			變	宮		商	
正調	正宮調 四字調	商		角		中	徵			羽		變	宮	

上表音階中的「中」字代表變徵音級（據朱載堉對變徵音位的命名），「變」字代表「變宮」音級。作爲整個宮調系統基礎的正調（正宮調），是以「上」爲「宮」的正聲音階，相當於以徵爲宮的下徵音階形態（現代意義上的調名，即以下徵音階宮音位置命名）。其中的「羽」音對應首調工尺譜字「五（四）」，是《竟山樂錄》中各調音列的起點（最低音），也是新調相對於正調得以命名的核心音級，即某調羽音對應正調音位「某字」，便命名新調爲「某調」。例如，新調羽音對應正調「乙」字，便稱新調爲「乙字調」（子母調）；對應正調「六」字，便稱新調爲六字調（淒涼調、絃索調），以此類推。

如果我們將「《通雅》、《竟山樂錄》「工尺七調」音位表」，與前文「智化寺京音樂曲笛七調音位表」相對照，將「宮－商－角－中－徵－羽－變」與「上－尺－工－凡－六－五－乙」相互替代，可知兩表格所列宮調系統完全一致，均爲以筒音作尺的正調爲基礎，以新調「五」字（羽音）對應正調某字命名新調的「正宮調工尺調名體系」。其中，智化寺的「正調」與「背調」，對應《通雅》的「正調」與「背工調」；智化寺「皆止調」對應《通雅》「淒涼調」，智化寺「月調」對應《通雅》「平調」；智化寺不常用的其餘三調，《竟山樂錄》所記工尺調名爲「乙字調」、「上字調（梅花調）」、「凡字調」，與前文所述楊蔭瀏先生對智化寺宮調的分析與推測完全相同。明末文獻《通雅》與清初《竟山樂錄》所載宮調系統，與今智化寺宮調結構相吻合，充分說明

智化寺音樂的深厚歷史淵源。

　　智化寺京音樂各調音階由於用首調工尺譜字表示，以「合」爲調高（下徵音階）的結構模式，使其工尺譜字「凡」必然爲「高凡」，其原始音階應爲「上」字作「宮」的正聲音階，「高凡」正與「變徵」音位相對應。相比之下，《竟山樂錄》所載各調音列，由於採用以正宮調（五字調）爲基礎的固定工尺譜字記寫，其中的「凡」字（其它譜字亦然）便有高下之別了。例如，背四調中的「凡」對應宮音，應爲「低凡」；乙字調中的「凡」對應角音，應爲「高凡」。此外，由於正宮調工尺系統與近代流行的小工調系統可以相互轉化，以「平調」或智化寺的「月調」爲基礎，以各調工（角）音對應的平調（月調）首調唱名（以平調宮音爲「上」）命各調，結果與原表完全一致。唯一不同的是，近代小工調系統的音階基礎形式，已部份放棄正聲音階而採用與西方大調音階相應的下徵音階，因此首調譜字中的「凡」也便由「高凡」變爲「低凡」。儘管如此，由於笛上七調翻調機制中一音孔兼發兩音的實踐特徵，位於同一音孔的高、低二「凡」字，對工尺七調的調高命名並無實質影響（如前所述，由於傳統吹管樂器音位控制的靈活性，加之音樂演奏中「低凡」和「高凡」位的不明確區分，使得笛上七調調高與十二平均律相比存在一定的模糊性）。智化寺的宮調結構保留著以正聲音階爲基礎的古老特徵，因此將其轉化爲現代調高時，便以正聲音階的「合」字音位命名，即將原來以「上」爲「宮」的正聲音階，轉換爲以「合」爲「宮」的下徵音階，將宮音轉移到了「合」字。這一點，是考察智化寺宮調結構時應予特別注意的。

　　智化寺京音樂的四調結構及其所屬的「正宮調工尺調名體系」，在明末清初時代廣泛使用的「笛色譜字調定位尺」中亦可尋得蹤跡。〔註142〕將該工尺字調定位尺的各調音階與智化寺宮調結構表對照，可知二者內容完全一致；定位尺的基本定調原理與智化寺四調「正調『六』＝皆調『五』，正調『工』＝月調『五』，正調『尺』＝背調『五』」的翻調口訣亦相符合。此外，從智化寺京音樂四調所屬的「正宮調工尺調名系統」來看，這是一種廣泛流行於明代的工尺七調命名體系，其與「小工調工尺調名系統」命名結果完全一

〔註142〕有關「笛色譜字調定位尺」樂學內涵的詳細分析，可參見本著第六章第二
　　　　節，另見李宏鋒《「笛色譜字調定位尺」小考》，《民族藝術研究》2015 年第 1
　　　　期。

致。儘管二者在當下傳統音樂中均有遺存，但歷史文獻和相關資料已表明，正宮調系統明顯早於小工調系統出現，其以新調「羽」音爲核心的轉調機制，與唐俗樂二十八調將「平聲羽七調」列於首位以及「宮逐羽音」的傳統極爲相類；唐俗樂二十八調「宮逐羽音」的傳統，可能直接引發出以正宮調爲基礎、以新調「羽」音指示調高的做法。〔註143〕從歷史發展看，正宮調工尺調名系統屬唐宋俗樂調到清代小工調系統的中間形態。隨著戲曲音樂傳承機制變遷和記譜法的不斷完善，更因小工調在「以五（四）字調爲正調」的調名體系中高低適中，被許多曲牌廣泛採用，使工尺七調系統逐漸從明代「正宮調（五字調）體系」向清代「小工調體系」轉換，《新定九宮大成南北詞宮譜·凡例》所說「七調之中，乙字調最下，上字調次之，五字調最高，六字調次之。今度曲者用工字調最多，以其便於高下」，便是這種情況的直接反映。〔註144〕智化寺京音樂四調作爲明代傳統器樂調名遺存，體現著明代正宮調爲核心的工尺調名特徵，又體現著唐宋俗樂調名向近代小工調系統的過渡性質，所有這些都決定了該樂種不可替代的重要歷史價值。

冀東嗩吶音樂和智化寺京音樂，是我國具有悠久歷史的傳統樂種的縮影，較多保存了唐宋以來古代音樂的歷史信息。二者宮調結構中蘊含著宋代俗樂調和明清工尺調系統的諸多特徵，其本身就是多種宮調系統的疊壓、糅合，是歷代宮調信息「層累地」〔註145〕造成的獨特結果。傳統音樂宮調體系的這種「層累」構成特徵，也是當下我國具有深厚歷史內涵和「高文化」特徵的傳統音樂品類的普遍特質，是中國民族傳統音樂有別於國外一些無文字、無有序傳承史料的部落、民族音樂的顯著特徵。黃翔鵬先生曾指出：中國的高文化音樂很難說是純民間音樂的性質。它往往既含有口頭創作的性

〔註143〕詳盡論述，參見本著第六章第二節，另見李宏鋒《唐宋俗樂二十八調的管色實踐基礎》，《南京藝術學院學報（音樂與表演版）》2015 年第 2 期。

〔註144〕參見本著第七章第一節，另見李宏鋒《明清戲曲傳承中工尺譜的作用及首調唱名法的確立》，《星海音樂學院學報》2014 年第 1 期。

〔註145〕近人陳序經曾提出「文化層累說」，認爲要充分瞭解某一文化，不僅要研究形成文化的各種基礎，更要知道文化的成分和文化的層累。而瞭解文化成分和層累的手段，就是對文化的成分進行分析、對文化的地層進行分類。這種研究方法的價值在於，「文化地層的分類的功用，是使我們瞭解文化發展的原則及其程序。文化的成分的分析的功用，是使我們明白文化所包含的性質是什麼及其關係的原則」。參見陳序經《中國文化的出路》，北京：中國人民大學出版社，2004 年，第 12 頁。

質和即興性，也同時含有嚴格的理論規範，並具有頗爲完備的樂律學體系。
這是指它們在律、調、譜、器之間的關係來說的。特別是，對於中國傳統
音樂中那些可以稱爲「古典音樂」的特殊品種說來，它們既在很大程度上兼
有民俗生活中產生的音樂，以及專業樂工的音樂這兩種特點，並且常把它們
糅合、交雜在一起。這種交雜總是弄到難分難解的程度。〔註146〕正因如此，
「如果要對高文化的傳統音樂進行研究，就必須從音樂本身的遺存、樂器的
遺存，一直到有關文獻資料、社會生活資料以至於樂律學的理論體系等方面
全面地進行歷史的研究」。〔註147〕黃先生所論一些傳統音樂品種兼具民俗音樂
和專業音樂特質且糅合、交雜的特點，從另一視角可看做是歷代各種音樂
信息在當下的遺存與疊壓，是具有高文化特徵的傳統樂種「層累地形成」的
體現。

　　本節對冀東嗩吶七調和智化寺京音樂四調內涵的考索已經表明，傳統工
尺調名不僅具有標識具體樂曲調高和樂器指法的功能，還蘊含著不同歷史階
段的宮調理論特徵和音樂文化變遷的重要信息。中國古代音樂史和民族傳統
音樂研究，應充分學習借鑒考古地層學的研究方法，充分關注傳統音樂本體
形態方面的「層累特徵」，盡可能準確地將傳統音樂遺存中不同時期、不同性
質的文化堆積層次區別開來，立足當下、追溯歷史，以文化層累視角關照傳
統音樂遺產，使其在構建中國音樂形態（風格）史的過程中發揮應有作用，
使以楊蔭瀏、黃翔鵬等爲代表的老一輩學者的民族音樂和歷史音樂研究理念
得到繼承和闡揚。

〔註146〕黃翔鵬：《中國傳統音樂的高文化特點及其兩例古譜》，原載《音樂研究》1991
　　　　年第4期，後收入黃翔鵬《中國人的音樂和音樂學》（音樂文集），濟南：山
　　　　東文藝出版社，1997年；又收入《黃翔鵬文存》（上冊），濟南：山東文藝出
　　　　版社，2007年，第499頁。
〔註147〕黃翔鵬：《中國傳統音樂的高文化特點及其兩例古譜》，原載《音樂研究》1991
　　　　年第4期，後收入黃翔鵬《中國人的音樂和音樂學》（音樂文集），濟南：山
　　　　東文藝出版社，1997年；又收入《黃翔鵬文存》（上冊），濟南：山東文藝出
　　　　版社，2007年，第494～495頁。

結　論

　　中國傳統樂律理論源遠有自，與之相應的音樂實踐多彩多姿。歷史上，大凡具有持久生命力的宮調理論無不源於音樂實踐，又在音樂實踐中應用和積澱，成為自身不斷創新發展的基礎。宋代以來，中國音樂步入以戲曲音樂為核心的「近世俗樂」時代。音樂創作、演出群體的拓展，民間聽賞、傳播範圍的擴大，使多類型音樂藝術形式不斷豐富，與之相應的俗樂宮調理論總結和實踐應用，在傳承自身「合理內核」的同時也表現出不同的時代特徵。黃翔鵬先生曾指出，唐宋二十八調音樂的直系後裔就是宋元雜劇、南北曲音樂。〔註1〕這些戲曲音樂經歷不同時代音樂風尚的變遷，逐漸失去唐宋歌舞大曲的表演特點而被約束於特定戲曲程序，但這些音樂遺存在形態結構方面的組織規範之一——宮調結構，卻並未因音樂藝術風格的轉型而發生根本性改變。

　　縱觀宋元明清俗樂實踐中的主流宮調形態，儘管期間發生著俗樂宮調到工尺調名的形式轉換，記譜形式也經歷著俗字譜到工尺譜、固定唱名到首調唱名的變化，但作為傳統宮調實踐基礎的管色旋宮理念，則自遠古萌芽以來一直影響後世，經唐宋宮調理論的系統化發展，終於成為統一宋以來各時期宮調形態的基礎之一。本著在研習前輩學者成果的基礎上，概略考察了宋代以來音樂實踐中施用的主流宮調理論及其流變演化，結合若干音樂實例論證不同時期宮調理論的內涵與影響，希望為深化樂調的歷史形態研究提供進一

〔註1〕　參見黃翔鵬《論中國古代音樂的傳承關係——音樂史論之一》，原載黃翔鵬《傳
　　　　統是一條河流》（音樂文集），北京：人民音樂出版社，1990 年；後收入《黃
　　　　翔鵬文存》（上冊），濟南：山東文藝出版社，2007 年，第 96 頁。

步參考。傳統樂律學內涵豐厚、博大精深，筆者精力與水平有限，現僅將所得初步結論總結如下，請方家賜教。

隋唐時期，我國音樂藝術迎來又一繁盛巔峰，與之相應的宮調理論出現以「俗樂二十八調」爲代表的更爲嚴密的系統總結，奠定了盛唐之後歷代宮調理論變遷的基石。鑒於俗樂二十八調體系的理論原點地位及其深遠影響，筆者首先立足中外古代音樂文獻和傳統音樂遺存，從管色樂器定律特性、使用譜字、演奏指法、二器並用等方面，探討了唐宋俗樂宮調理論的應律樂器機制和基本特徵，指出正是基於以管定律的實踐操作模式，使俗樂二十八調成爲建構於管色之上的宮調系統。爲進一步認知唐代俗樂二十八調的宮調結構，深入瞭解及其對唐五代音樂形態尤其是音高組織形態（如調式、調高、調性等）等的制約，筆者還以唐五代音樂的重要文獻——敦煌琵琶譜及其它唐樂古譜爲例，依託前輩學者在古譜解讀方面取得的相對穩定的成果，從音樂理論和實踐關係角度進一步探討唐俗樂二十八調的宮調特徵。

本著初步研究表明，唐代俗樂二十八調是多民族音樂文化融合的產物，管色樂器的「翻七調」技術操作，決定了二十八調七均調高、每均四種煞聲的基本理論模型；俗樂二十八調理論以正聲音階爲基礎，四種煞聲只代表四種結構不同的音列，各調在實踐中可呈現正聲、下徵、清商三種音階形態，同時又有多種調式變音存在，因此二十八調之「調」既非調高（Key）、也不等同於調式（Mode）或調性（Tonality），其在實踐中的靈活運用以「同均三宮」原則爲保障；唐俗樂二十八調的七均四調特徵與宋代二十八調理論一脈相承，儘管期間存在「角調」失傳、黃鍾改易等變遷，但二十八調的基本宮調框架並未隨唐宋音樂的「斷層」而改變，唐、五代直至兩宋的宮調理論傳統，本質結構上是一以貫之的。

管色樂器的七均旋宮實踐，是構建二十八調理論的基石；加之相差一律的二十八中管調旋宮配合，又可形成十二律旋相爲宮的八十四調理論體系。兩宋時代的樂論中，對此更爲複雜完備的八十四調理論已有總結。這種二器（或多器）相配進而實現十二律旋宮的傳統如何形成，與歷史中的宮調實踐有怎樣的淵源關係，本著第二章通過對舞陽賈湖骨笛、商代陶塤、西周編鍾以至戰國曾侯乙墓樂器的分析，認爲這種宮調理論思維具有悠久歷史，其本質即兩件或更多定調不一的同種樂器結合使用，以豐富音列或實現不同調高轉換，本文特稱之爲「陰陽旋宮」。

　　以曾侯乙墓出土應律樂器的「陰陽旋宮」實踐為例，這些樂器的音列均表現出以五聲徵調式為調音基礎、以濁獸鍾（G）和無鐸（#F）二律為核心的「陰陽」組合特徵。編鍾上層鈕鍾可構成以無鐸為調首的、完整的濁割洗均（B均）音列；其不僅存在組合演奏的可能，還可與中層甬鍾以濁獸鍾為調首的割洗均（C均）音列形成陰陽互補關係。這種組合與曾侯乙編磬、雙篪和雙簫的音律結構完全一致，極大地拓展了編鍾的旋宮性能，是「陰陽旋宮」思維在編鍾設計與應用中的鮮明體現。秦漢以來，「陰陽旋宮」思維對旋宮實踐影響深遠，無論漢代馬王堆雙笛、魏晉清商笛樂還是隋唐俗樂宮調理論，乃至近世音樂實踐中的雌雄笛、管子大小哨等樂器組合運用，都是這種宮調思維的產物，是中國古代樂律實踐中高度智慧的體現。

　　經歷唐末五代音樂文化的劇烈動盪，兩宋的宮調理論與實踐承接唐俗樂二十八調傳統，在調名體系、標準音高、音階形式等方面均有較大變遷。由於管色演奏技法繁難加之音樂風格流變，宋代俗樂宮調中的「高調」隱而不彰，「角調」亦隨盛唐歌舞大曲的衰敗而流散。黃鍾標準音高方面，北宋一百多年時間裏，樂律標準經過六次改易，最終於崇寧四年（1105 年）確定為大晟律高。由於宋代標準音高較唐時移高近大二度，改變了俗樂調名系統與十二律呂和俗字譜固定音位的對應關係，使宋代二十八調七均調名與唐代相比存在錯位。例如，原本隸屬唐律太簇均的沙陀調、大食調、般涉調、大食角，在北宋末年已改屬正黃鍾宮均；原本為唐律黃鍾均的黃鍾宮、越調、黃鍾調、越角，此時則位於無射均之列。儘管如此，唐宋黃鍾音高標準的變遷，並沒有在基礎結構上對宋代二十八調理論產生本質影響。

　　與兩宋音樂實踐中二十八調的流散相對照，此時的宮調理論總結卻呈現出日臻完善的趨勢。無論是宋太宗創制二十八調新聲、宋仁宗作《景祐樂髓新經》，還是沈括《夢溪筆談》乃至南宋末張炎《詞源》對二十八調和八十四調的系統梳理，都反映出肇始自隋唐的俗樂宮調理論，在兩宋時期不斷完善發展的事實。「實踐應用殘缺不全，理論建構精緻完善」，是宋代宮調理論與實踐特徵的總體寫照。教坊擊磬者不知音位、吹奏者不諳指法、彈琴者不熟弦音的現實，是宮調體系在實踐中逐漸脫落的重要原因；宋代文化風尚崇文重教，加之樂律理論自身發展需求，則是此時宮調理論建構系統化的內在動因。儘管唐、宋間俗樂宮調的理論框架和實踐方式不全一致，「七均輪轉」的理論模型與「重四宮」的實踐操作亦有差別，但無論是源自先秦的「陰陽旋

宮」傳統還是《敦煌樂譜》、《白石道人歌曲》等作品中宮調的具體應用，都明確無誤地指示出唐、宋宮調理論間一以貫之的歷史淵源。

蒙古人入主中原後建立元朝，使中國社會的政治、經濟、文化步入嶄新時期。統治者立國之初十分重視禮樂建設，南宋理學獲得延續發展，擬古化的詩樂演唱和雅樂製作，成為宮調理論應用的重要領域之一。本著第四章以熊朋來編創的《瑟譜‧詩新譜》為例，重點剖析了其中宮調理論的應用特徵。研究表明，這部曲譜儘管以「復古」為主旨，力圖弘揚周代詩教傳統，但從其音樂本體形態看，熊氏不明古瑟調弦之制、不察二十八調閏角之實，以「從其月律」或「因其物性」作為宮調選用標準，其精心創制的《詩新譜》並非上古雅樂正宗，只能視為熊朋來的擬古之作，目的是建構熊氏自己理想的禮樂之境。《詩新譜》是中國古代雅樂的一個縮影，通過對其宮調應用和創制理念的分析，可使我們在當前復興中華禮樂文明的大語境下，更加清醒地認知傳統雅樂遺產的現代價值。

有元一代雜劇藝術繁盛，史料遺存中較豐富的元雜劇曲牌及宮調，為我們考索宋以來宮調理論在元代的應用與變遷提供了可貴材料。筆者首先立足「五宮四調」為元雜劇各折宮調定性，梳理存見元雜劇折（齣）樂譜宮調的分佈與應用情況，進而以現存元雜劇宮調的樂學內涵為研究對象，通過對相關史料的梳理統計並結合考古遺物和傳統音樂遺存，認為明清南北曲實踐中的俗樂宮調情況並非元雜劇宮調歷史原貌，不能以此作為元雜劇宮調無調高、煞聲等樂學內涵的依據。元雜劇以管色為主要伴奏樂器的機制，決定其宮調結構與唐宋俗樂調體系一脈相承，是特定音樂體裁對俗樂二十八調體系的擷取。本著還進一步探討了元雜劇各折（齣）的調高連接與調性佈局規律，指出：元雜劇首折宮調尤重仙呂，末折多用中呂，「仙呂均——中呂均」的五度關係框架，是全劇宮調佈局的基礎；第二折多從主調的遠關係調展開音樂，較少使用仙呂均的近關係調性；末折前注重對結束宮調的準備，與中呂宮或雙調同均的宮調使用率最高；穿插於各折間的楔子多用仙呂，起著貫穿核心宮調、增強樂曲統一的功能。

中國音樂文化從來不是封閉自足的系統，歷代與域外或其它民族的交流融合，是中國音樂文化發展的基本動力之一。元代遼闊的疆域、多民族間的往來，促成音樂文化交流的又一高峰，也為歷史音樂形態和宮調理論變遷帶來新契機。這一歷史進程中，源自中亞並逐漸東傳的伊斯蘭音樂，以其特有的

音響形態和藝術風格，對元代中原傳統音樂產生了重要影響。本著第五章第二節以伊斯蘭音樂傳播對歷史上變體燕樂音階的影響爲例，從音階形態、音級遊移及其與伊斯蘭信仰分佈的關係等方面，探討了伊斯蘭音樂元素影響中國古代音階、音律的可能性，認爲中國音樂史上廣爲流行的「變體燕樂音階」，一方面繼承隋唐燕樂音階的基本特質，同時又接受宋元伊斯蘭音樂的積極影響，最終定型爲以五正聲爲主體，以變徵、清羽二音級遊移爲特徵的音階形態。變體燕樂音階徵調式與伊斯蘭音樂的拉斯特（rāst）音階存在「異質同構」關係。我們應充分估計包括元代在內的歷史上多民族音樂交融對傳統音階、宮調形態的影響，以更爲寬廣的學術視野考量古代樂律理論中的諸多難題。總體而言，在唐宋至明清音樂藝術的演變歷程中，有元一代宮調理論、音樂形態乃至音樂風尚的變遷，已成爲考證近古中國音樂歷史發展的重要關節點。

明清是包括戲曲在內的傳統音樂轉型發展的重要時期，音樂實踐與傳承方式的變遷，對宮調理論、樂譜應用及其唱名體系有直接影響。一方面，明代音樂實踐中的記譜法、唱名法和宮調體系，在繼承唐宋俗樂二十八調理論基礎上進一步轉型。對此，筆者結合明代音樂圖譜文獻及相關傳統音樂遺存，從音樂實踐角度探討了當時工尺譜唱名體系的應用特點。通過對相關樂器音位及雅樂與俗樂曲譜的分析梳理，認爲完善自宋代的以「合」爲調首配黃鍾的固定工尺唱名體系，在明代仍見施用；同時，以「尺」爲調首的工尺唱名系統，則以其深厚的歷史淵源，始終貫穿於明代俗樂發展之中。文獻記載和傳世文物「笛色譜字調定位尺」的設計原理均表明，明代俗樂實踐中所用工尺唱名的主體形式，是以「正宮調（五字調）調名系統」爲基礎的固定唱名，「正宮調工尺調名體系」成爲唐宋俗樂宮調嚮明清工尺七調轉化的第一階段。在明代宮調系統向工尺調名轉化的同時，俗樂二十八調系統在明代一些音樂實踐中依然施用。本著還從譜字形式、樂器基礎、宮調結構和記譜特徵等方面，對明末《魏氏樂譜》的宮調問題作進一步梳理，認爲《魏氏樂譜》八調係南宋二十八調系統與明代笛樂黃鍾律相結合的結果，是歷史宮調理論在新時期的傳承應用，其中存在以「借調記譜」方式指代多種音階形態的現象，體現出「同均三宮」理論在明代俗樂調宮調應用中的規範和制約。

另一方面，明末清初戲曲傳承機制變遷，也爲宮調系統的轉型提供了契機。明代戲曲以「腔句」爲主要特徵的創曲方法，使工尺記譜在明代戲班的口傳心授過程中並非絕對必需。這種戲曲音樂創作方式的現實基礎，是明代

上至王公貴冑下至豪門貴族豢養的家樂戲班。眾多家樂戲班在「招收學員」、「語音訓練」、「背誦腳本」、「口傳心授」等環節，都將「正音」視爲學戲首要任務。加之參與戲曲活動的曲師、士大夫和演員文化修養較高，格律譜完全能滿足戲曲音樂傳承需要，幾乎無需借助樂譜就可完成。保存至今的諸多明代戲曲文本，多注明四聲平仄、正字、襯字等信息，無指示唱腔旋律的音位譜字，就是這種情況的反映。

　　明清之際的政治變革，使明代仕宦貴族遭受沉重打擊，家樂戲班逐漸衰微。戲曲演員失去原有恩主蔭蔽，失去大批文人墨客參與指導，導致戲曲創作與傳承機制發生重大改變。原來「依字行腔」、「依字創腔」的傳承方式讓演員難得要領，舊有格律譜令戲曲從業者無所適從，由此產生戲曲文本標注音高的需要。在這一背景下，工尺譜被自然引入戲曲文本，直至將格律譜取而代之，成爲記錄戲曲唱腔的主要形式。清康熙年間（1662～1722 年），戲曲工尺譜開始出現，後逐漸豐富，成爲傳統音樂中應用最廣泛的譜式。據《中國音樂書譜志》著錄，清代保存至今的崑曲、南北曲曲譜，包括整齣、零折和曲集在內，共計 877 種之多，京劇曲譜也有 13 種。〔註2〕

　　工尺譜服務於戲曲唱腔的功能轉化，使其基礎調高選擇必須以適應聲樂嗓音爲本，由此明代音樂實踐中流行的「以正宮調爲基礎」的工尺調名體系，逐漸被「以小工調爲基礎」的調名系統取代。伴隨有清一代戲曲音樂蓬勃發展，小工調工尺七調體系廣泛流傳，被諸多聲樂和器樂曲譜採用。縱觀明清戲曲變遷歷程，作爲引領一代風尚的戲曲音樂的傳承與傳播，對工尺譜的應用和唱名體系選擇具有重要影響。從本質上講，清初以來工尺譜堂而皇之步入戲曲領域，源自戲曲傳承實踐變遷引發的記錄形式新需求。工尺譜與格律譜在不同時代，適應戲曲演出、傳承需要，發揮的都是唱腔音樂「備忘錄」作用。無論明代戲曲的格律譜、清代使用的工尺譜，乃至人們對唱腔工尺譜首調唱名的選擇，都與音樂表演和傳承實踐密切相關。工尺譜在發展歷程中對不同唱名及調名體系的選擇，是以其相應的主流樂器機制和音樂實踐需要爲基礎和支撐的。

　　清代以來，各地戲曲與器樂形式不斷豐富，工尺譜調名體系又衍生出不同基礎調高和命名標準的宮調指稱方式，形成多類型宮調系統並存的局面。

〔註 2〕 中國藝術研究院音樂研究所資料室編：《中國音樂書譜志》（增訂本），北京：人民音樂出版社，1994 年第 2 版，第 15～33 頁。

文獻記載與工尺調名實踐應用中，呈現出「正宮調系統——小工調系統——乙字調系統」的演化歷程。這三種宮調系統在保持相互調名和調高關係一致的同時，又遵循「尊崇上字宮音」或「不同系統混用」等原則，訛變出多種新類型的宮調體系，使工尺調名與調高的對應關係呈現出多類型並存的局面。清代傳統音樂實踐中形態各異的工尺調名，可總體爲兩種類型：其一爲新調的首調轉調關鍵音與基調調名一致者；其二爲新調的轉調關鍵音與基調調名不一致者。前者包含工尺調名常用的正宮調、小工調和乙字調三大系統調；後者情況下，若以宮音作爲轉調關鍵音，分別與正宮調、小工調、乙字調相對應，則形成三大工尺宮調系統的訛變形態；若將三大系統的基礎調與轉調關鍵音混用，則可形成「正宮與小工」、「乙字與小工」和「乙字與正宮」等另三種混合訛變調名。這種對工尺調名體系歷史衍變的概括，基本涵蓋了當前傳統音樂使用的各類型工尺調名系統，是宮調理論自唐宋俗樂調至明清工尺調轉型並豐富發展後，在傳統音樂實踐中積澱和遺留的體現。儘管傳統音樂實踐中對調名的選擇，往往因樂器機制、樂種風格和音樂傳統等制約而複雜多變，但各樂種中來源各異、紛繁雜糅的調名形態，卻都可以在宮調歷史的「有序演化」與「因勢訛變」中獲得統一，這也是傳統音樂本體形態方面「層累特徵」和「高文化特點」的鮮明體現，引導我們展開更爲深入有效的樂律學探索。

　　縱觀宋以來宮調理論變遷及與音樂實踐關係不難看出，唐宋俗樂宮調嚮明清工尺七調的轉變，是期間宮調理論形態變遷的主流。宋代以來宮廷燕樂散落，加之元代音樂形態風格的重大變遷，使二十八調諸調名逐漸失落煞聲含義，與原來指代的特定音樂風格相脫離，在新時代音樂風尙下蛻變爲另具內涵的術語。與此同時，這一宮調體系所蘊含的「七均（宮）」傳統卻在管色樂器實踐中得以存留，轉化爲以正宮調爲基礎的工尺七調系統。正宮調、小工調乃至其它原則命名的工尺調名體系，均與唐宋俗樂二十八調「七均」結構乃至更爲古老的「陰陽旋宮」傳統一脈相承。針對近古時期宮調理論與實踐的這種變遷，楊蔭瀏先生認爲：「這可以說，是一種以簡馭繁，切合實際的辦法，……因爲我們在歷史中早已看到過去應用那些標明調和調式的雙重意義的符號的失敗：例如初期的七絃琴譜，與初期的詞曲譜，它們代表雙重意義的符號，如黃鍾商、中呂羽、仙呂調、小石調等，並沒有眞能給與讀者與奏唱者以便利，反而爲他們造成意識上的紛亂，結果，乃不得不漸被放棄，

而另由單純標明調號的符號來代替。」〔註3〕儘管如此，明清時期廣泛流行的工尺七調系統，依然與唐宋俗樂宮調間存在千絲萬縷的聯繫，是後者歷史形態演化的必然結果。此誠如鄭榮達先生所論：「中國古代音樂歷史中，唐代興起的俗樂調應用的歷史最長。雖然唐代興起的俗樂調到了明清由工尺調所替代，但它的實際體系並沒有瓦解，只是工尺七調均名替代了俗樂七宮均名而已。它們之間調的諸屬性，並沒有因為這種改變而發生本質上的變化，他們是一種完全的承繼關係。」〔註4〕

傳統宮調理論內容繁雜、浩如煙海，本研究涉及的宮調問題，更多是立足樂學層面對特定音樂形態特徵的宏觀描述，反映該品類音樂樂音組織的基本結構規律。即便如此，與博大精深的古代宮調理論相比，本文對宮調歷史演化中若干問題的初步研究，不過滄海一粟，難免掛一漏萬。例如，與本課題相關的其它樂律學史論題，如雅樂調名、琴調系統、非工尺形式調名以及當今傳統音樂宮調形態的深層內涵等問題，均有待將來以專題形式作更為深入的研討。再如，中國傳統音樂理論中，歷來有「樂學」與「律學」相融通的傳統。〔註5〕若考慮到傳統樂律學研究中樂學和律學的互補關係，考慮到中國各民族、各地域傳統音樂不同歷史階段的演變，以及各樂種在微觀音高組織形態層面的多樣性差異（音樂實踐中「十二律位」的每一律位，都蘊含了多種紛繁複雜的音高形態），本研究可進一步衍展、深化的議題將更為豐富。

例如，樂學形態中的「律位」概念將涉及音階色彩變音問題。這種變音多因語言及其它音樂表現需要產生，既包括傳統的四變（變宮、變徵、清角、清羽），也包括清徵、清商、清宮等音級，具有很強的遊移性特徵，在傳

〔註3〕 楊蔭瀏、曹安和編：《定縣子位村管樂曲集》，上海：萬葉書店，1952年，第38頁。

〔註4〕 鄭榮達：《唐代俗樂律調體系的形成》，《文化藝術研究》2009年第6期，第37頁。

〔註5〕 樂律學可總體劃分為「樂學」和「律學」兩大分支。前者「主要是從音樂藝術實踐中所用樂音的有關組合形式或技術規律出發，取『形態學』（morphology）的角度，運用邏輯方法來研究樂音相互之間的關係」；後者「主要是以組成樂學體系的成組樂音為對象，從發音的振動的自然規律出發，取『音響學』（acoustics）的角度，運用數學方法來研究樂音相互之間的關係」。參見黃翔鵬《樂律學》（詞條），載中國藝術研究院音樂研究所《中國音樂詞典》編輯部編《中國音樂詞典》，北京：人民音樂出版社，1985年，第482頁。

統戲曲、曲藝等樂種中大量存在，〔註6〕展現出豐富的音階形式和宮調應用特色。那麼，這些紛繁的音律現象與傳統十二律位系統間存在怎樣的聯繫？「同位異律」實踐手法對傳統音階形態和宮調理論有哪些影響？各類傳統音樂的音級組織，是否只能概括爲正聲、下徵和清商三種音階模式？源自先秦的五度相生律究竟在多大程度上影響了傳統音樂的音階形態？怎樣看待傳統音樂中偏音和某些變音的「模糊性」或「遊移性」特徵？如何認識傳統音樂的五聲性及其在宮調系統中的地位？如何從方法論層面對傳統音樂的音律和宮調形態予以更爲全面關照，進而深入認識各民族音樂形態的內在聯繫和本體特徵？等等。

　　日本音樂學家小泉文夫先生在《日本傳統音樂の研究》中，論及中國傳統音樂的律制情況時曾說：「正如華達哥拉斯音階對於實際的希臘音階來說毫不重要那樣，依据三分損益法的五度音列對於闡明日本音階調式來說是沒有用處的，……估計中國的音樂理論由於三分損益法的音律計算方法而受到相當嚴重的歪曲。」〔註7〕小泉先生的論斷，關注律學微觀研究和樂學宏觀歸納之間的相互關係，可能已在更深層次觸及中國傳統宮調理論與音樂實踐之間的矛盾關係，對我們深化宮調研究具有一定啟發。筆者認爲，解答上述系列問題最爲可行的方法，就是將律學研究引入傳統音樂形態分析，從微觀層面入手探知傳統音樂的音響結構，借助數理分析認識傳統音樂的獨特音律，進而提煉出音樂形態方面的深層宮調結構特徵，以精微的律學測量對宏觀的樂學研究予以支持，這大概就是古人所謂「治其微，則用力寡而功多；救其著，則竭力而不能及也」〔註8〕的另一深意吧。從這方面來看，取宏觀樂學與微觀律學互補視角對歷代宮調問題作進一步探討，也將是本課題後續研究中需深化、拓展的重要內容。

　　音樂學家黃翔鵬先生早年曾不無感慨地指出：「傳統樂種的研究除了它在

〔註6〕　參閱黎英海《漢族調式及其和聲》，上海：上海文藝出版社，1959 年，第 71～74 頁。

〔註7〕　〔日〕小泉文夫：《日本傳統音樂研究（民歌研究的方法和音階的基本構造）》第四章《關於音階的各種問題》的結論部份（東京：音樂之友社，1977 年），羅傳開譯，載上海音樂學院音樂研究所、安徽省文學藝術研究所合編《音樂與民族》（民族音樂學〔比較音樂學〕譯叢），1984 年 7 月，內部發行，第 232頁。

〔註8〕　〔宋〕司馬光：《資治通鑒·周紀一》卷第一，北京：中華書局，1956 年，第4 頁。

音樂民族學方面的意義而外，久已受到注意的，是它在音樂型態方面所能提供的有關知識與藝術經驗。但即使是在這一方面，我們過去的研究也是頗為膚淺的。幾乎沒有一個傳統樂種可以宣稱：我們已對它的律、調、譜、器之間諸種聯繫做過全面、系統的研究，對於傳統樂種與有關古樂調的歷史聯繫問題，更是未曾見過任何重大突破的了。」〔註9〕黃先生又指出：

> 基本理論問題似乎總是被看做初級的、低水平的東西，不知道它是學識的起點；其中容不得片面性的結論，失之毫釐則將差之千里。輕視它的作用是會遭到懲罰的。中國是一個具有數千年樂律學傳統的文化古國，早有自己本民族的、具有嚴密體系的音樂理論傳世。應用現代音樂理論的科學方法，來整理自己的傳統理論，從而修正或補充國際通行的音樂基本理論，並在音樂教育工作中為青年音樂家的培養問題盡綿薄之力，應該是我們中國的傳統音樂工作者面臨的任務之一。〔註10〕

前輩學者的真知灼見，是後人繼續理論探索的重要導引。筆者認為，以宮調理論的歷史研究為突破點，進而將論題拓展至傳統音樂的音律體系、譜式特徵、宮調系統、旋法形態、樂曲結構等方面，關注其與特定歷史階段音樂形態的內在聯繫，使傳統音樂在中國音樂史和民族音樂研究的「逆向考察」和「曲調考證」中發揮更大作用，應成為今後深化音樂學術研究的重要內容。當然，這是一個牽涉中國音樂歷史形態和當下傳統音樂遺存的系統而龐大的工程，需要學界同仁從不同學科、不同角度共同推進。本著對歷史宮調理論變遷的探索不過雪泥一爪，希望學界通過這「一鱗半爪」的不斷積纍，終能「至千里、成江海」，真正覓得那傳統音樂歷史時空中，留下匆匆一瞥的鴻雁翱翔天際的美妙倩影。

太史公曰：「亦欲以究天人之際，通古今之變。」〔註11〕誠哉斯言！

〔註 9〕黃翔鵬：《傳統樂種召喚著研究工作》，原載《長安古樂譜》，又載《中國音樂年鑒》（1990卷）；收入黃翔鵬《中國人的音樂和音樂學》（音樂文集），濟南：山東文藝出版社，1997年；又見《黃翔鵬文存》（上冊），濟南：山東文藝出版社，2007年，第438頁。

〔註10〕黃翔鵬：《論中國古代音樂的傳承關係——音樂史論之一》，原載黃翔鵬《傳統是一條河流》（音樂文集），北京：人民音樂出版社，1990年；後收入《黃翔鵬文存》（上冊），濟南：山東文藝出版社，2007年，第114頁。

〔註11〕〔漢〕司馬遷：《報任安書》，見《漢書·司馬遷傳》卷六十二，北京：中華書局，1962年，第2735頁。

附　錄

Ⅰ、曾侯乙墓出土雙篪的筒音音高分析

　　據《曾侯乙墓》一書記載，曾侯乙墓出土雙篪（編號爲 C.79 和 C.74）的各部位數據如下：〔註1〕

　　C.79 全長 29.3（單位：釐米，下同），首端（近於吹孔端）徑 1.90，尾部徑 1.75，尾端徑 1.85，壁厚約 0.2。填塞物厚度約 0.3，管尾竹節厚 0.1～0.3。管身兩端各有一橢圓形孔，處於同一水平面。一孔距首端 1.7，徑爲 0.5×0.9，爲吹孔；另一孔距首端 25.15，徑爲 0.70×0.74，爲出音孔。在與吹孔和出音孔平面呈九十度的管身另一側，距首端 13 釐米處，刮有 12.5×0.7 釐米的條形平面，上面並列五個指孔。各孔距首端長度及孔徑分別爲：一指孔 14.2，0.27×0.44；二指孔 16.1，0.33×0.45；三指孔 18.2，0.32×0.40；四指孔 22.0，0.32×0.32；五指孔 24.7，0.32×0.32。

　　C.74，相關數據如下：全長 30.2，首端徑 1.7，尾部徑 1.54×1.6，尾端徑 1.65×1.62，壁厚約 0.25，管首填塞物厚 0.3。吹孔距首端 1.3，徑 0.65×0.75，出音孔距首端 26.05，徑 0.65×0.75。開列指孔的條形平面距首端 14.1，長 13，寬 0.8。各孔距首端長度及孔徑分別爲：一指孔 14.5，0.54×0.57；二指孔 16.6，0.5×0.5；三指孔 18.6，0.5×0.54；四指孔 23.1，0.5×0.5；五指孔 25.9，0.5×0.5。

　　爲計算方便，現將上述兩支篪的相關數據，列表整理如下：

〔註1〕　以下數據，參見湖北省博物館編《曾侯乙墓》，北京：文物出版社，1989 年，第 174～175 頁。

曾侯乙墓出土篪（兩支）相關數據一覽表

單位釐米	全長	管 徑			厚 度			吹 孔		出音孔		指孔一		指孔二		指孔三		指孔四		指孔五	
		首端	尾部	尾端	管壁	填物	竹節	距	徑	距	徑	距	徑	距	徑	距	徑	距	徑	距	徑
篪 C.79	29.3	1.9	1.75	1.85	0.2	0.3	0.1 -0.3	1.7	0.5 *0.9	25.15	0.7 *0.74	14.2	0.27 *0.44	16.1	0.33 *0.45	18.2	0.32 *0.4	22.0	0.32 *0.32	24.7	0.32 *0.32
篪 C.74	30.2	1.7	1.54 *1.6	1.65 *1.62	0.25	0.3	—(1)	1.3	0.65 *0.75	26.05	0.65 *0.75	14.5	0.54 *0.57	16.6	0.5 *0.5	18.6	0.5 *0.54	23.1	0.5 *0.5	25.9	0.5 *0.5

注釋：（1）C.74 此處尾端竹節已透空成 0.64×0.67 的圓孔。考古報告認爲，從孔沿下四處亦即孔壁上的黑漆判斷，此孔係人爲所致。這一點可在下面音高分析中得到進一步證實。

這裡以上述考古測量數據爲基礎，結合吹奏樂器的頻率計算公式，探討兩支篪五個指孔全閉時，筒音（尾部出音孔所發之音）間的音高關係。〔註2〕

吹管樂器由於氣柱振動受管長、壁厚、管徑及管口、吹口校正等多種因素影響，音高頻率計算相對弦振動較爲複雜。筆者擬採用趙松庭先生總結的橫笛頻率計算公式〔註3〕，作爲理論推算的基本依據。

聲學常識告訴我們，管樂器的音高頻率與「有效管長」呈反比。要求得某管樂音孔的音高，首要問題就是得到該音孔相應的「有效管長」。這裡的有效管長並非實際管長，考慮到吹口、管口校正等因素，其長度往往大於實際管長。由趙松庭先生提供的計算公式可知：

當所發之音爲筒音時，有效管長 L 爲：

L＝實際管長 l＋吹氣端校正 δ_1＋管口校正

其中，吹氣端校正公式爲：

$$\delta_1=(b+2.0r)\frac{R^2}{r^2}$$，（b 爲吹孔處管壁厚度，r 爲吹孔的平均半徑，R 爲管半徑）

據上述考古測量數據可知，C.79 號篪的相關物理量爲（單位：釐米，下同）：

b＝0.2；r＝（0.5＋0.9）/4＝0.35；R＝1.90 / 2＝0.95

將數據帶入上式，得：δ_1＝6.631

已有理論和實驗證明，管口校正值爲：0.6R（R 爲管口半徑）。由於曾侯

〔註 2〕 這兩件樂器竹製出土時，雖然內壁腐爛已不能演奏，但外形基本完好，因此考古測量數據的可信度較高，基本能夠反映兩件篪形製的原貌。

〔註 3〕 參見趙松庭《橫笛的頻率計算與應用》，《樂器科技簡訊》1973 年第 2 期。

乙 C.79 號篪的兩端口封閉，五指孔閉合時僅出音孔送氣，管口校正公式中的半徑應爲送氣孔平均半徑，爲（0.70＋0.74）／4＝0.36，管口校正值爲 0.6×0.72＝0.216

　　C.79 號篪發音孔的實際管長爲發音孔到吹孔的距離，爲 1＝25.15－1.7＝23.45

　　綜合以上數值，可知 C.79 號篪出音孔的有效管長爲：

　　L＝1＋δ_1＋管口校正＝23.45＋6.631＋0.216＝30.297

　　曾侯乙 C.74 號篪出音孔有效管長的計算相對複雜，因爲其尾端原本起封閉作用的竹節已被透空成 0.64×0.67 的圓孔，必須將此因素考慮在內。據趙松庭先生的計算公式，此篪出音孔有效管長爲：

　　L＝實際管長 1＋吹氣端校正 δ_1＋送氣端校正 δ_2

　　參考 C.79 的算法，可得到 C.74 出音孔的實際管長爲：1＝26.05－1.3＝24.75；吹氣端校正值 δ_1＝5.183。

　　送氣端校正值 δ_2 要考慮到兩個物理量，一是送氣孔的折合管長 Δ，二是底部透空小孔的折合管長 l'。δ_2 是 Δ 與 l'的並聯值。

$$\Delta = (b+1.7r)\frac{R^2}{r^2}$$

　　將 b＝0.25，r＝（0.65＋0.75）／4，R＝（1.54＋1.6）／4 代入，得 Δ＝4.251

　　l'＝出氣口至尾端管長＋管口校正值。其中，管口校正值所用半徑爲透空小孔的半徑 0.3275，l'＝（30.2－26.05）＋（0.6×0.3275）＝4.3465

　　進而，$\delta_2 = \dfrac{1}{\dfrac{1}{\Delta}+\dfrac{1}{l'}} = 2.149$

　　C.74 號篪出音孔有效管長 L＝1＋δ_1＋δ_2＝24.75＋5.183＋2.149＝32.082

　　通過以上計算，可得到 C.79 與 C.74 號篪出音孔的頻率比爲 32.082／30.297，換算成音分值爲 99.12 音分。

　　由於篪樂器兩端封口的特殊性，其五指孔全部閉合時尾部出音孔所發之音，便相當於一端開口的的笛類樂器的筒音。編號 C.74 的篪雖然尾部竹節被透空，但考古報告認爲，從孔沿下凹處亦即孔壁上的黑漆判斷，此孔係人爲所致。本文上面的理論分析同樣可以證實，C.74 篪尾端竹節透空顯然是樂工的調音行爲，目的在於延長 C.74 出音孔端的校正值，達到 C.74 比 C.79 出音

孔音高低半音的目的。因此，兩件篪出音孔的音高，完全可直接與後世笛類樂器筒音相對應。由此，我們亦可透視先秦人製作雌雄雙篪的具體方法：高一律的篪兩端封口，低一律的篪一端封口，另一端竹節則人為透空，以延長出音孔的校正值，增加氣柱有效振動長度，達到整體音高降低一律的目的。

Ⅱ、《瑟譜・詩新譜》解譯示例

譯譜說明：

（1）本譜據元熊朋來《瑟譜》墨海金壺本卷三至卷四之「詩新譜」譯出，共計 22 首。

（2）《瑟譜・詩新譜》原爲律呂譜與工尺譜對照形式，無節奏、節拍標記。學識所限，筆者僅據譜字與調名標識，將樂曲音高信息譯出，供研究歷史宮調問題參考。

（3）元代雅樂律黃鍾沿用宋大晟律標準，譜中黃鍾「合」字音高作 d¹。

騶虞

熊朋来《瑟谱》之诗新谱
李宏锋 译谱

《驺虞》二章章三句，黄钟羽，俗呼般涉

騶虞

熊朋来《瑟谱》之诗新谱
李宏锋 译谱

《驺虞》二章章三句，夹钟角，俗呼双角

淇澳

熊朋来《瑟谱》之诗新谱
李宏锋　译谱

考盤

熊朋来《瑟谱》之诗新谱
李宏锋 译谱

《考盘》三章章四句，蕤宾角，俗呼中管小石角

考 盘 在 涧, 硕 人 之 宽.

独 寐 寤 言, 永 矢 弗 谖.

考 盘 在 阿, 硕 人 之 薖.

独 寐 寤 歌, 永 矢 弗 过.

考 盘 在 陆, 硕 人 之 轴.

独 寐 寤 宿, 永 矢 弗 告.

黍離

熊朋来《瑟譜》之诗新谱
李宏锋　译谱

緇衣

熊朋來《瑟谱》之诗新谱
李宏锋 译谱

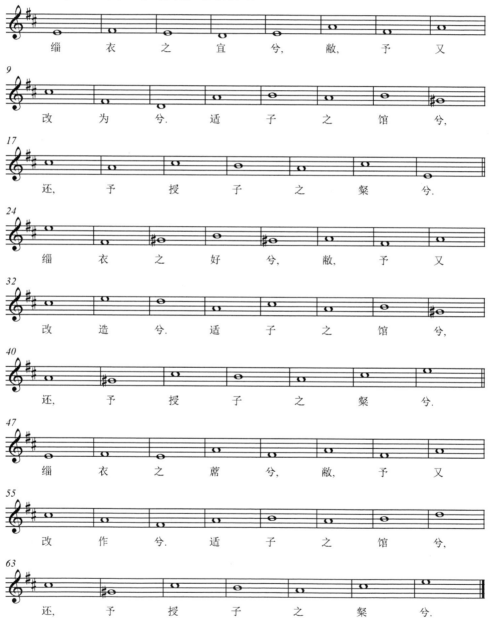

伐檀

熊朋来《瑟谱》之诗新谱
李宏锋　译谱

2

蒹葭

熊朋来《瑟谱》之诗新谱
李宏锋 译谱

衡門

熊朋来《瑟谱》之诗新谱
李宏锋　译谱

《衡门》三章章四句，太簇羽，俗呼中管高般涉调

衡　门　之　下，　可　以　栖　迟.

泌　之　洋　洋，　可　以　乐　饥.

岂　其　食　鱼，　必　河　之　鲂?

岂　其　取　妻，　必　齐　之　姜?

岂　其　食　鱼，　必　河　之　鲤?

岂　其　娶　妻，　必　宋　之　子?

七月

熊朋来《瑟谱》之诗新谱
李宏锋　译谱

2

《七月》之五，应钟商，俗呼中管越调

五　月　斯　螽　动　股，六　月　莎　鸡

振　羽．七　月　在　野，八　月　在　宇，

九　月　在　户，十　月　蟋　蟀，入　我

床　下．穹　窒　熏　鼠，塞　向　墐　户．嗟

我　妇　子，曰　为　改　岁，入　此　室　处．

《七月》之六，无射商，俗呼越调

六　月　食　郁　及　薁，七　月　亨　葵

及　菽．八　月　剥　枣，十　月　获　稻．

为　此　春　酒，以　介　眉　寿．七　月

食　瓜，八　月　断　壶，九　月　叔

苴，采　荼　薪　樗．食　我　农　夫．

4

《七月》之七，太簇角，俗呼中管高大石（调）〔角〕

九 月 筑 场 圃， 十 月 纳 禾 稼.

黍 稷 重 穋， 禾 麻 菽 麦. 嗟 我

农 夫， 我 稼 既 同， 上 入 执 宫

功. 昼 尔 于 茅， 宵 尔 索 綯，

亟 其 乘 屋， 其 始 播 百 谷.

《七月》之八，应钟（羽）〔角〕，俗呼中管越角调

二 之 日 凿 冰 冲 冲， 三 之 日

纳 于 凌 阴. 四 之 日 其 蚤， 献

羔 祭 韭. 九 月 肃 霜， 十 月 涤

场. 朋 酒 斯 飨， 曰 杀 羔 羊， 跻

彼 公 堂. 称 彼 兕 觥， 万 寿 无 疆.

菁菁者莪

熊朋来《瑟谱》之诗新谱
李宏锋　译谱

《菁菁者莪》四章章四句，夹钟宫，俗呼仲吕宫

菁　菁　者　莪，　在　彼　中　阿.

既　见　君　子，　乐　且　有　仪.

菁　菁　者　莪，　在　彼　中　沚.

既　见　君　子，　我　心　则　喜.

菁　菁　者　莪，　在　彼　中　陵.

既　见　君　子，　锡　我　百　朋.

泛　泛　杨　舟，　载　沉　载　浮.

既　见　君　子，　我　心　则　休.

鶴鳴

熊朋来《瑟谱》之诗新谱
李宏锋　译谱

《鶴鳴》二章章九句，黄钟宫，俗呼正宫

鹤　鸣　于　九　皋，声　闻　于　野. 鱼

潜　在　渊，或　在　于　渚. 乐彼　之

园，爰　有　树　檀，其　下　维　萚.

它　山　之　石，可　以　为　错.

鹤　鸣　于　九　皋，声　闻　于　天. 鱼

在　于　渚，或　潜　在　渊. 乐彼　之

园，爰　有　树　檀，其　下　维　穀.

它　山　之　石，可　以　攻　玉.

白駒

熊朋来《瑟譜》之诗新谱
李宏锋　译谱

《白駒》四章章六句，夷则商，俗呼商调

文王

熊朋来《瑟谱》之诗新谱
李宏锋　译谱

《文王》七章之一，黄钟宫，俗呼正宫

文 王 在 上， 於 昭 于 天. 周 虽

11　旧 邦， 其 命 维 新. 有 周 不 显， 帝

22　命 不 时. 文 王 陟 降， 在 帝 左 右.

33　《文王》七章之二，黄钟商，俗呼大石调

亹 亹 文 王， 令 闻 不 已. 陈 锡 哉

44　周， 侯 文 王 孙 子. 文 王 孙 子， 本

55　支 百 世， 凡 周 之 士， 不 显 亦 世.

66　《文王》七章之三，大吕商，俗呼高大石调

世 之 不 显， 厥 犹 翼 翼. 思 皇

76　多 士， 生 此 王 国. 王 国 克 生， 维

87　周 之 桢; 济 济 多 士， 文 王 以 宁.

2

命 之 不 易， 无 遏 尔 躬. 宣 昭 义

问， 有 虞 殷 自 天. 上 天 之 载， 无

声 无 臭. 仪 刑 文 王， 万 邦 作 孚.

抑·白圭

熊朋来《瑟谱》之诗新谱

李宏锋 译谱

《抑》之《白圭》章十句，中吕（官）[商]，俗呼小石调

质 尔 人 民， 谨 尔 侯 度， 用 戒

不 虞. 慎 尔 出 话， 敬 尔 威 仪，

无 不 柔 嘉. 白 圭 之 玷， 尚 可

磨 也; 斯 言 之 玷， 不 可 为 也!

抑·相在爾室

熊朋来《瑟谱》之诗新谱
李宏锋　译谱

嵩高·首章

熊朋来《瑟谱》之诗新谱
李宏锋　译谱

烝民·首章

熊朋来《瑟谱》之诗新谱
李宏锋 译谱

清廟

熊朋来《瑟谱》之诗新谱
李宏锋 译谱

載芟

2

邦　家　之　光.　有　椒　其　馨,　胡　考

之　宁.　匪　且　有　且,　匪

今　斯　今,　振　古　如　兹.

良耜

熊朋来《瑟谱》之诗新谱
李宏锋　译谱

《良耜》一章二十三句，南吕宫，俗呼中管仙吕宫

畟　畟　良　耜，俶　载　南　亩．播　厥

百　谷，实　函　斯　活．或　来　瞻　女，

载　筐　及　莒，其　饟　伊　黍．其　笠

伊　纠，其　镈　斯　赵，以　薅　荼　蓼．

荼　蓼　朽　止，黍　稷　茂　止．获　之

挃　挃，积　之　栗　栗．其　崇　如　墉，

其　比　如　栉．以　开　百　室，百　室　盈

止，妇　子　宁　止．杀　时　犉　牡，有　捄

其　角．以　似　以　续，续　古　之　人．

駉·思無邪

熊朋来《瑟谱》之诗新谱
李宏锋　译谱

《駉》之《思无邪》章八句，林钟商，俗呼歇指调

駉 駉 牡 马， 在 坰 之 野. 薄 言

駉 者， 有 驈 有 騜. 有 驒 有 鱼，

以 车 祛 祛. 思 无 邪 思， 马 斯 徂.

Ⅲ、存見元雜劇折（齣）樂譜宮調與曲牌運用情況統計表

說明：

（1）本統計依據的元雜劇文本爲臧懋循《元曲選》和隋樹森《元曲選外編》兩種，元雜劇曲譜則選擇了較有代表性的《九宮大成南北詞宮譜》、《納書楹曲譜》、《六也曲譜》、《集成曲譜》、《遏雲閣曲譜》五種，其它樂譜暫未列入。

（2）對現存元雜劇全折宮調、曲牌的整理，依據曹安和先生編《現存元明清南北曲全折（齣）樂譜目錄》提供的線索進行，並與臧懋循編《元曲選》和隋樹森編《元曲選外編》同名劇目相比照。表中「劇名」一列依曹安和先生所編目錄爲序。

（3）據曹安和先生統計，現存元雜劇劇本共 58 本，折數 107 折。〔註1〕因本統計旨在歸納對照各本中元雜劇各折的不同宮調與曲牌情況，故只有一種出處的劇目未列入統計範圍，這些劇目如下：王實甫《北西廂記》、戴善甫《玩江樓》、白樸《箭射雙雕》和《御溝紅葉》、宋方壺《趕蘇卿》、周文質《蘇武還朝》、邾經《鴛鴦冢》、王子一《十面埋伏》、賈仲名《金童玉女》、無名氏《十面埋伏》。另有《西遊記·思春（狐思）》一折，因並非元雜劇《西遊記》作品〔註2〕，亦未列入。

〔註 1〕 曹安和編：《現存元明清南北曲全折（齣）樂譜目錄》（說明），北京：人民音樂出版社，1989 年，第 I 頁。

〔註 2〕 曹安和先生注：「納本俗稱西遊，非雜劇西遊記作品。」參見曹安和編《現存元明清南北曲全折（齣）樂譜目錄》，北京：人民音樂出版社，1989 年，第 6 頁。

王實甫：《麗春堂》第三折	
《元曲選》之《麗春堂》第三折	越調：鬥鵪鶉、紫花兒序、小桃紅、金蕉葉、調笑令、禿廝兒、聖藥王、麻郎兒、么篇、東原樂、綿搭絮、絡絲娘、拙魯速、么篇、收尾。
《九宮》卷二十八，《元人百種》	越角：鬥鵪鶉、紫花兒序、小桃紅、金蕉葉、調笑令、禿廝兒、聖藥王、麻郎兒、又一體、東原樂、綿搭絮、絡絲娘、拙魯速、又一體、收尾。
關漢卿：《單刀會·訓子》	
《元曲選外編》之《單刀會》第三折	中呂：粉蝶兒、醉春風、十二月、堯民歌、石榴花、鬥鵪鶉、上小樓、么、快活三、鮑老兒、剔銀燈、尾聲。
《納書楹曲譜》續集卷二，《單刀會·訓子》	仙呂：粉蝶兒、醉春風、十二月、堯民歌、石榴花、么篇、上小樓、么篇、煞尾。
《六也曲譜》元集卷六，《三國志·訓子》	六調：粉蝶兒、十二月、石榴花、煞尾。
《集成曲譜》玉集卷一，《單刀會·訓子》	六字調：粉蝶兒、醉春風、十二月、堯民歌、石榴花、鬥鵪鶉、上小樓、么篇、煞尾。
關漢卿：《單刀會·刀會（單刀）》	
《元曲選外編》之《單刀會》第四折	雙調：新水令、駐馬聽、胡十八、慶東原、沉醉東風、雁兒落、得勝令、攪琵琶、離亭宴帶歇拍煞。
《納書楹曲譜》正集卷二，《單刀會·單刀》	雙角：新水令、駐馬聽、胡十八、沽美酒、太平令、沉醉東風、慶東原、雁兒落、得勝令、攪琵琶、煞尾。
《六也曲譜》元集卷六，《三國志·刀會》	上調：新水令、駐馬聽、胡十八、沽美酒、（太平令〈有詞無曲牌名〉）、前腔、慶東元、雁兒得勝、（攪琵琶）、煞尾。
《集成曲譜》玉集卷一，《單刀會·刀會》	上字調：新水令、駐馬聽、胡十八、沽美酒、太平令、慶東原、雁兒落、得勝令、攪琵琶、尾。
關漢卿：《望江亭》第一折	
《元曲選》之《望江亭》第一折	仙呂：點絳唇、混江龍、村裏迓鼓、元和令、上馬嬌、勝葫蘆、么篇、後庭花、柳葉兒、賺煞尾。
《九宮》卷六，《元人百種》	仙呂調：點絳唇、混江龍、村裏迓鼓、元和令、上馬嬌、勝葫蘆、又一體、後庭花、柳葉兒、賺煞尾。
關漢卿：《謝天香》第二折	
《元曲選》之《謝天香》第二折	南呂：一枝花、梁州第七、隔尾、賀新郎、牧羊關、二煞、煞尾。
《九宮》卷五十三，《元人百種》	南呂調：一枝花、梁州第七、隔尾、賀新郎、牧羊關、二煞、煞尾。

關漢卿：《蝴蝶夢》第二折	
《元曲選》之《蝴蝶夢》第二折	南呂：一枝花、梁州第七、賀新郎、隔尾、鬥蝦蟆、牧羊關、隔尾、牧羊關、紅芍藥、菩薩梁州、水仙子、黃鍾尾。
《九宮》卷五十三，《元人百種》	南呂調：一枝花、梁州第七、賀新郎、隔尾、草池春、牧羊關、隔尾、牧羊關、紅芍藥、菩薩梁州、水仙子、煞尾。
馬致遠：《岳陽樓》第一折	
《元曲選》之《岳陽樓》第一折	仙呂：點絳唇、混江龍、油葫蘆、天下樂、那吒令、鵲踏枝、寄生草、么篇、後庭花、金盞兒、醉中天、憶王孫、金盞兒、賺煞。
《九宮》卷六，《元人百種》	仙呂調：點絳唇、混江龍、油葫蘆、天下樂、那吒令、鵲踏枝、寄生草、又一體、後庭花、金盞兒、醉中天、憶王孫、金盞兒、賺煞。
馬致遠：《岳陽樓》第二折	
《元曲選》之《岳陽樓》第二折	南呂：一枝花、梁州第七、賀新郎、梧桐樹、隔尾、牧羊關、紅芍藥、菩薩梁州、哭皇天、烏夜啼、三煞、二煞、黃鍾尾。
《九宮》卷五十三，《元人百種》	南呂調：一枝花、梁州第七、賀新郎、梧桐樹、隔尾、牧羊關、紅芍藥、菩薩梁州、元鶴鳴、烏夜啼、三煞、二煞、黃鍾尾。
馬致遠：《黃粱夢》第一折	
《元曲選》之《黃粱夢》第一折	仙呂：點絳唇、混江龍、油葫蘆、天下樂、金盞兒、後庭花、醉中天、金盞兒、醉雁兒、後庭花、醉中天、一半兒、金盞兒、賺煞。
《九宮》卷六，《元人百種》	仙呂調：點絳唇、混江龍、油葫蘆、天下樂、金盞兒、後庭花、醉中天、金盞兒、醉雁兒、後庭花、醉中天、一半兒、金盞兒、賺煞。
馬致遠：《漢宮秋》第四折	
《元曲選》之《漢宮秋》第四折	中呂：粉蝶兒、醉春風、叫聲、剔銀燈、蔓菁菜、白鶴子、么篇、上小樓、么篇、滿庭芳、十二月、堯民歌、隨煞。
《九宮》卷十四，《元人百種》	中呂調：粉蝶兒、醉春風、叫聲、剔銀燈、蔓菁菜、白鶴子、又一體、上小樓、又一體、滿庭芳、十二月、堯民歌、煞尾。
馬致遠：《任風子》第二折	
《元曲選》之《任風子》第二折	正宮：端正好、滾繡球、倘秀才、滾繡球、倘秀才、窮河西、叨叨令、三煞、二煞、煞尾。
《九宮》卷三十四，《元人百種》	高宮：端正好、滾繡球、倘秀才、滾繡球、倘秀才、窮河西、叨叨令、二煞、一煞、煞尾。
吳昌齡：《唐三藏·北餞》	
《納書楹曲譜》正集卷二，《蓮花寶筏·北餞》	仙呂：點絳唇、混江龍、油葫蘆、天下樂；尺出六調：後庭花、青歌兒、尾聲。
《集成曲譜》玉集卷一，《蓮花寶筏·北餞》	尺調：點絳唇、混江龍、油葫蘆、天下樂；六調：後庭花、青歌兒、煞尾。

吳昌齡：《唐三藏・回回》	
《九宮》卷六十七，《唐三藏》	雙角：新水令、銀漢浮槎、沽美酒、太平令、川撥棹、豆葉黃、喬牌兒、煞尾。
《納書楹曲譜》續集卷二，《唐三藏・回回》	雙調：新水令、銀漢浮槎、沽美酒、太平令、川撥棹、豆葉黃、喬牌兒、煞尾。
《集成曲譜》振集卷一，《唐三藏・回回》	尺調：新水令、銀漢浮槎、沽美酒、太平令、川撥棹、豆葉黃、喬牌兒、尾。
吳昌齡：《張天師》第三折	
《元曲選》之《張天師》第三折	正宮：端正好、滾繡球、倘秀才、叫聲、上小樓、石榴花、鬥鵪鶉、滿庭芳、紅繡鞋、快活三、鮑老兒、煞尾。
《九宮》卷三十四，《元人百種》	高宮：端正好、滾繡球、倘秀才、叫聲、上小樓、石榴花、鬥鵪鶉、滿庭芳、紅繡鞋、快活三、鮑老兒、煞尾。
鄭庭玉：《後庭花》第四折	
《元曲選》之《後庭花》第四折	中呂：粉蝶兒、迎仙客、快活三、朝天子、紅繡鞋、剔銀燈、蔓菁菜、乾荷葉、上小樓、滿庭芳，倘秀才、呆骨朵、倘秀才、滾繡球、伴讀書、笑和尚、煞尾。
《九宮》卷十四，《元人百種》	中呂調：粉蝶兒、迎仙客、快活三、朝天子、紅繡鞋、剔銀燈、蔓菁菜、翠盤秋、上小樓、滿庭芳，倘秀才、靈壽杖、倘秀才、滾繡球、伴讀書、笑和尚、煞尾。
鄭庭玉：《冤家債主》第二折	
《元曲選》之《冤家債主》第二折	商調：集賢賓、逍遙樂、梧葉兒、醋葫蘆、么篇、么篇、窮河西、鳳鸞吟、浪來裏煞。
《九宮》卷六十，《元人百種》	商角：集賢賓、逍遙樂、梧葉兒、醋葫蘆、又一體、又一體、窮河西、鳳鸞吟、浪裏來煞。
高文秀：《黑旋風》第一折	
《元曲選》之《黑旋風》第一折	正宮：端正好、滾繡球、倘秀才、伴讀書、笑和尚、耍孩兒、一煞、二煞、三煞、哨篇、煞尾。
《九宮》卷三十四，《元人百種》	高宮：端正好、滾繡球、倘秀才、伴讀書、笑和尚、耍孩兒、三煞、二煞、一煞、哨遍、煞尾。
李文蔚：《燕青博魚》第一折	
《元曲選》之《燕青博魚》第一折	大石調：六國朝、喜秋風、歸塞北、雁過南樓、六國朝、憨貨郎、歸塞北、初問口、尾聲。
《九宮》卷二十一，《元人百種》	大石角：六國朝、喜秋風、歸塞北、雁過南樓、六國朝、蒙童兒、歸塞北、又一體、又一體、雁過南樓煞。

尚仲賢：《氣英布·賺布》（第一折）	
《元曲選》之《氣英布》第一折	仙呂：點絳唇、混江龍、油葫蘆、天下樂、那吒令、鵲踏枝、寄生草、玉花秋、後庭花、金盞兒、雁兒、賺煞。
《九宮》卷六，《元人百種》	仙呂調：點絳唇、混江龍、油葫蘆、天下樂、哪吒令、鵲踏枝、寄生草、玉花秋、後庭花、金盞兒、醉雁兒、賺煞。
《納書楹曲譜》正集卷二，《氣英布·賺布》	仙呂調：點絳唇、混江龍、油葫蘆、天下樂、哪吒令、鵲踏枝、寄生草、玉花秋、後庭花、金盞兒、醉雁兒、賺煞。
尚仲賢：《柳毅傳書》第三折	
《元曲選》之《柳毅傳書》第三折	商調：集賢賓、金菊香、梧葉兒、後庭花、柳葉兒、醋葫蘆、金菊香、浪裏來煞。
《九宮》卷六十，《元人百種》	商角：集賢賓、金菊香、梧葉兒、後庭花、柳葉兒、醋葫蘆、金菊香、浪裏來煞。
石君寶：《秋胡戲妻》第四折	
《元曲選》之《秋胡戲妻》第四折	雙調：新水令、甜水令、折桂令、喬牌兒、豆葉黃、川撥棹、殿前歡、雁兒落、得勝令、鴛鴦煞。
《九宮》卷六十七，《元人百種》	雙角：新水令、滴滴金、百字折桂令、喬牌兒、豆葉黃、川撥棹、殿前歡、雁兒落、得勝令、鴛鴦煞。
白樸：《梧桐雨》第二折	
《元曲選》之《梧桐雨》第二折	中呂：粉蝶兒、叫聲、醉春風、迎仙客、紅繡鞋、快活三、鮑老兒、古鮑老、紅芍藥、剔銀燈、蔓菁菜、滿庭芳、普天樂、啄木兒尾。
《九宮》卷十四，《元人百種》	中呂調：粉蝶兒、叫聲、醉春風、迎仙客、紅繡鞋、快活三、鮑老兒、古鮑老、紅芍藥、剔銀燈、蔓菁菜、滿庭芳、普天樂、啄木兒煞。
白樸：《梧桐雨》第四折	
《元曲選》之《梧桐雨》第四折	正宮：端正好、么篇、滾繡球、倘秀才、呆骨朵、白鶴子、么、么、么、倘秀才、芙蓉花、伴讀書、笑和尚、倘秀才、雙鴛鴦、蠻姑兒、滾繡球、叨叨令、倘秀才、滾繡球、三煞、二煞、黃鍾煞。
《九宮》卷三十四，《元人百種》	高宮：端正好、又一體、滾繡球、倘秀才、靈壽杖、白鶴子、又一體、又一體、又一體、倘秀才、芙蓉花、伴讀書、笑和尚、倘秀才、雙鴛鴦、蠻姑兒、滾繡球、叨叨令、倘秀才、滾繡球、二煞、一煞、煞尾。
白樸：《牆頭馬上》第四折	
《元曲選》之《牆頭馬上》第四折	中呂：粉蝶兒、醉春風、滿庭芳、普天樂、迎仙客、石榴花、鬥鵪鶉、上小樓、么篇、十二月、堯民歌、耍孩兒、煞尾。
《九宮》卷十四，《元人百種》	中呂調：粉蝶兒、醉春風、滿庭芳、普天樂、迎仙客、石榴花、鬥鵪鶉、上小樓、又一體、十二月、堯民歌、耍孩兒、煞尾。

張國寶：《合汗衫》第二折	
《元曲選》之《合汗衫》第二折	越調：鬥鵪鶉、紫花序兒、小桃紅、鬼三臺、紫花序兒、調笑令、絡絲娘、么篇、要三臺、青山口、收尾。
《九宮》卷二十八，《元人百種》	越角：鬥鵪鶉、紫花序兒、小桃紅、三臺印、紫花序兒、調笑令、絡絲娘、金蕉葉、要三臺、青山口、收尾。
張國寶：《合汗衫》第三折	
《元曲選》之《合汗衫》第三折	中呂：粉蝶兒、醉春風、快活三、朝天子、四邊靜、普天樂、上小樓、么篇、脫布衫、小梁州、么篇、要孩兒、煞尾。
《九宮》卷十四，《元人百種》	中呂調：粉蝶兒、醉春風、快活三、朝天子、四邊靜、普天樂、上小樓、又一體、脫布衫、小梁州、又一體、要孩兒、煞尾。
張國寶：《合汗衫》第四折	
《元曲選》之《合汗衫》第四折	雙調：新水令、小將軍、清江引、碧玉簫、沽美酒、太平令、雁兒落、得勝令、殿前喜。
《九宮》卷六十七，《元人百種》	雙角：新水令、小陽關、清江引、碧玉簫、沽美酒、太平令、雁兒落、得勝令、殿前喜。
張國寶：《薛仁貴》第三折	
《元曲選》之《薛仁貴》第三折	雙調：豆葉黃；中呂：粉蝶兒、醉春風、十二月、堯民歌、上小樓、滿庭芳、快活三、迓鼓兒、鮑老兒、要孩兒、一煞、煞尾。
《九宮》卷十四，《元人百種》	中呂調：粉蝶兒、醉春風、十二月、堯民歌、上小樓、滿庭芳、快活三、迓鼓兒、鮑老兒、要孩兒、一煞、煞尾。
孫仲章：《勘頭巾》第一折	
《元曲選》之《勘頭巾》第一折	仙呂：點絳唇、混江龍、油葫蘆、天下樂、醉中天、金盞兒、賺煞。
《九宮》卷六，《元人百種》	仙呂調：點絳唇、混江龍、油葫蘆、天下樂、醉中天、金盞兒、賺煞。
孔學詩：《東窗事犯·掃秦》（第二折）	
《元曲選外編》之《地藏王證東窗事犯》第二折	中呂：粉蝶兒、醉春風、迎仙客、石榴花、鬥鵪鶉、紅繡鞋、十二月、堯民歌、滿庭芳、快活三、鮑老兒、要孩兒、三煞、二煞、收尾。
《九宮》卷十五，《東窗事犯》	中呂調：粉蝶兒、又一體、醉春風、迎仙客、石榴花、鬥鵪鶉、紅繡鞋、十二月、堯民歌、快活三、朝天子、要孩兒、煞尾。
《納書楹曲譜》正集卷二，《東窗事犯·掃秦》	中呂調：粉蝶兒、醉春風、迎仙客、石榴花、鬥鵪鶉、紅繡鞋、十二月、堯民歌、快活三、朝天子、要孩兒、煞尾。
《遏雲閣曲譜》下函卷十二，《精忠記·掃秦》	尺字調：出對子、偈、粉蝶兒、醉春風、迎仙客、石榴花、鬥鵪鶉、紅繡鞋、十二月、堯民歌、快活三、朝天子、煞尾。

《集成曲譜》金集卷一，《東窗事犯・掃秦》	尺調：出對子、偈、粉蝶兒、醉春風、迎仙客、石榴花、鬥鵪鶉、紅繡鞋、十二月、堯民歌、快活三、朝天子、煞尾。

張壽卿：《紅梨花》第二折

《元曲選》之《紅梨花》第二折	南呂：一枝花、梁州第七、隔尾、哭皇天、烏夜啼、賀新郎、四塊玉、罵玉郎、感皇恩、採茶歌、一煞、煞尾。
《九宮》卷五十三，《元人百種》	南呂調：一枝花、梁州第七、隔尾、元鶴鳴、烏夜啼、賀新郎、四塊玉、罵玉郎、感皇恩、採茶歌、二煞、煞尾。

張壽卿：《紅梨花・賣花》（第三折）

《元曲選》之《紅梨花》第三折	中呂：粉蝶兒、醉春風、迎仙客、紅繡鞋、石榴花、鬥鵪鶉、快活三、鮑老兒、十二月、堯民歌、亂柳葉、上小樓、么篇、煞尾。
《九宮》卷十四，《元人百種》	中呂調：粉蝶兒、醉春風、迎仙客、紅繡鞋、石榴花、鬥鵪鶉、快活三、鮑老兒、十二月、堯民歌、亂柳葉、上小樓、又一體、煞尾。
《納書楹曲譜》正集卷二，《紅梨花・買花》	中呂：粉蝶兒、醉春風、迎仙客、紅繡鞋、石榴花、鬥鵪鶉、快活三、十二月、堯民歌、上小樓、么篇、煞尾。

宮大用：《范張雞黍》第三折

《元曲選》之《范張雞黍》第三折	商調：集賢賓、逍遙樂、金菊香、梧葉兒、掛金索、村裏迓鼓、元和令、上馬嬌、遊四門、勝葫蘆、後庭花、青哥兒、柳葉兒、醋葫蘆、么篇、么篇、高過浪來裏、隨調煞。
《九宮》卷六十，《元人百種》	商角：集賢賓、逍遙樂、金菊香、梧葉兒、掛金索、村裏迓鼓、元和令、上馬嬌、遊四門、勝葫蘆、後庭花、青哥兒、柳葉兒、醋葫蘆、又一體、又一體、高過浪裏來、浪裏來煞。

鄭光祖：《倩女離魂》第三折

《元曲選》之《倩女離魂》第三折	中呂：粉蝶兒、醉春風、迎仙客、紅繡鞋、普天樂、石榴花、鬥鵪鶉、上小樓、么篇、十二月、堯民歌、哨遍、耍孩兒、四煞、三煞、二煞、煞尾。
《九宮》卷十四，《元人百種》	中呂調：粉蝶兒、醉春風、迎仙客、紅繡鞋、普天樂、石榴花、鬥鵪鶉、上小樓、又一體、十二月、堯民歌、哨遍、耍孩兒、四煞、三煞、二煞、煞尾。

鄭光祖：《㑳梅香》第二折

《元曲選》之《㑳梅香》第二折	大石調：念奴嬌、六國朝、初問口、歸塞北、雁過南樓、六國朝、喜秋風、歸塞北、怨別離、歸塞北、淨瓶兒、好觀音、隨煞尾。
《九宮》卷四十六，《元人百種》	高大石角：念奴嬌、六國朝、卜金錢、歸塞北、雁過南樓、六國朝、喜秋風、歸塞北、怨別離、歸塞北、淨瓶兒、好觀音、隨煞尾。

李直夫：《虎頭牌》第二折

《元曲選》之《虎頭牌》第二折	雙調：五供養、落梅風、阿那忽、慢金盞、石竹子、大拜門、山石榴、醉娘子、相公愛、不拜門、也不囉、喜人心、醉也摩婆、月兒彎、風流體、忽都白、唐兀歹、離亭宴煞。

《九宮》卷六十七，《元人百種》	雙角：五供養、落梅風、阿納忽、慢金盞、石竹子、大拜門、山石榴、醉娘子、相公愛、小拜門、也不囉、小喜人心、醉娘子、月兒彎、風流體、忽都白、唐古歹、離亭宴煞。
李直夫：《虎頭牌》第四折	
《元曲選》之《虎頭牌》第四折	正宮：端正好、滾繡球、伴讀書、笑和尚、川撥棹、七兄弟、梅花酒、收江南、尾煞。
《九宮》卷三十四，《元人百種》	高宮：端正好、滾繡球、伴讀書、笑和尚、川撥棹、七兄弟、梅花酒、收江南、尾煞。
楊梓：《敬德不服老·北詐》（第三折）	
《元曲選外編》之《功臣宴敬德不伏老》第三折	越調：鬥鵪鶉、紫花兒序、小桃紅、金蕉葉、調笑令、禿廝兒、聖藥王、麻郎兒、么篇、絡絲娘、要三臺、么篇、尾聲。
《九宮》卷二十八，《不伏老》	越角：鬥鵪鶉、紫花兒序、小桃紅、金蕉葉、調笑令、禿廝兒、聖藥王、麻郎兒、又一體、絡絲娘、要三臺、又一體、尾聲。
《納書楹曲譜》正集卷二，《不伏老·北詐》	越角：鬥鵪鶉、紫花兒序、小桃紅、金蕉葉、調笑令、禿廝兒、聖藥王、麻郎兒、絡絲娘、尾聲。
《集成曲譜》金集卷一，《不伏老·北詐》	六或凡調：鬥鵪鶉、紫花兒序、小桃紅、金蕉葉、調笑令、禿廝兒、聖藥王、麻郎兒、絡絲娘、尾聲。
金仁傑：《追韓信·追信》（第二折）	
《元曲選外編》之《蕭何月夜追韓信》第二折	雙調：新水令、駐馬聽、沉醉東風、水仙子、雁兒落、得勝令、夜行船、掛玉鉤、川撥棹、七弟兄、梅花酒、收江南、尾。
《九宮》卷六十七，《千金記》	雙角：新水令、駐馬聽、沉醉東風、雁兒落、得勝令、掛玉鉤、川撥棹、七弟兄、梅花酒、收江南、鴛鴦煞。
《納書楹曲譜》續集卷二，《千金記·追信》	雙角：新水令、駐馬聽、沉醉東風、雁兒落、得勝令、掛玉鉤、川撥棹、七弟兄、梅花酒、收江南、煞尾。
《六也曲譜》貞集卷二十，《千金記·追信》	尺調：新水令、番古兒、沉醉東風、雁兒落、得勝令、掛玉鉤、七弟兄、梅花酒、小仙子、收江南、煞尾。
《集成曲譜》玉集卷四，《千金記·追信》	尺調；新水令、番鼓兒、沉醉東風、雁兒落、得勝令、掛玉鉤、川撥棹、七弟兄、梅花酒、收江南、煞尾。
金仁傑：《追韓信·點將》（第三折）	
《元曲選外編》之《蕭何月夜追韓信》第三折	中呂：粉蝶兒、醉春風、石榴花、鬥鵪鶉、剔銀燈、蔓菁菜、十二月、堯民歌、上小樓、么、要孩兒、么、三煞、二煞、尾。
《納書楹曲譜》續集卷二，《千金記·點將》	中呂：粉蝶兒、醉春風、石榴花、鬥鵪鶉、滿庭芳、十二月、堯民歌、上小樓、么篇、快活三、朝天子、煞尾。

喬吉：《兩世姻緣》第一折	
《元曲選》之《兩世姻緣》第一折	仙呂：點絳唇、混江龍、油葫蘆、天下樂、那吒令、鵲踏枝、寄生草、么篇、得勝樂、醉中天、後庭花、青歌兒、賺煞。
《九宮》卷六，《元人百種》	仙呂調：點絳唇、混江龍、油葫蘆、天下樂、哪吒令、鵲踏枝、寄生草、又一體、得勝樂、醉中天、後庭花、青歌兒、賺煞。
喬吉：《兩世姻緣·離魂》（第二折）	
《元曲選》之《兩世姻緣》第二折	商調：集賢賓、逍遙樂、尚京馬、梧葉兒、醋葫蘆、金菊香、浪裏來、後庭花、金菊香、柳葉兒、浪裏來、高過隨調煞。
《九宮》卷六十，《元人百種》	商角：集賢賓、逍遙樂、上京馬、梧葉兒、醋葫蘆、金菊香、醋葫蘆、後庭花、金菊香、柳葉兒、浪裏來、浪裏來煞。
《納書楹曲譜》正集卷二，《兩世姻緣·離魂》	商角：集賢賓、逍遙樂、上京馬、梧葉兒、醋葫蘆、金菊香、醋葫蘆、後庭花、金菊香、柳葉兒、浪裏來、浪裏來煞。
《集成曲譜》振集卷一，《兩世姻緣·離魂》	六調：集賢賓、逍遙樂、上京馬、梧葉兒、醋葫蘆、金菊香、醋葫蘆、後庭花、金菊香、柳葉兒、浪裏來、浪裏來煞。
喬吉：《兩世姻緣》第四折	
《元曲選》之《兩世姻緣》第四折	雙調：新水令、沉醉東風、喬牌兒、水仙子、攪箏琶、雁兒落、得勝令、甜水令、折桂令、落梅風、沽美酒、太平令、絡絲娘煞尾。
《九宮》卷六十七，《元人百種》	雙角：新水令、沉醉東風、喬牌兒、水仙子、攪箏琶、雁兒落、得勝令、滴滴金、折桂令、落梅風、沽美酒、太平令、小絡絲娘煞。
喬吉：《金錢記》第一折	
《元曲選》之《金錢記》第一折	仙呂：點絳唇、混江龍、油葫蘆、天下樂、那吒令、鵲踏枝、寄生草、金盞兒、後庭花、醉扶歸、金盞兒、醉中天、賺煞尾。
《九宮》卷六，《元人百種》	仙呂調：點絳唇、混江龍、油葫蘆、天下樂、哪吒令、鵲踏枝、寄生草、又一體、金盞兒、後庭花、醉扶歸、金盞兒、醉中天、賺煞尾。
朱凱：《昊天塔·五臺》（第四折）	
《元曲選》之《昊天塔》第四折	雙調：新水令、駐馬聽、步步嬌、雁兒落、水仙子、雁兒落、得勝令、川撥棹、七兄弟、梅花酒、喜江南。
《納書楹曲譜》正集卷二，《昊天塔·五臺》	雙調：新水令、駐馬聽、步步嬌、雁兒落、水仙子、雁兒落、得勝令、川撥棹、七兄弟。
《集成曲譜》聲集卷一，《昊天塔·五臺》	尺字調：新水令、駐馬聽、步步嬌、雁兒落、水仙子、雁兒落、得勝令、川撥棹、七兄弟、清江引。
羅本：《風雲會·訪普（雪訪）》（第三折）	
《元曲選外編》之《宋太祖龍虎風雲會》第三折	正宮：端正好、滾繡球、倘秀才、呆骨朵、倘秀才、滾繡球、倘秀才、滾繡球、倘秀才、滾繡球、倘秀才、滾繡球、脫布衫、醉太平、二煞、收尾。

《九宮》卷三十四，《雍熙樂府》	高宮：端正好、滾繡球、倘秀才、靈壽杖、倘秀才、滾繡球、倘秀才、滾繡球、倘秀才、滾繡球、倘秀才、滾繡球、脫布衫、醉太平、一煞、煞尾。
《納書楹曲譜》正集卷二，《雍熙樂府·訪普》	正宮（尺調）：端正好、滾繡球、倘秀才、靈壽杖、倘秀才、滾繡球、倘秀才、滾繡球、倘秀才、滾繡球、倘秀才、滾繡球、脫布衫、醉太平、一煞、煞尾。
《集成曲譜》金集卷一，《風雲會·訪普》	尺或上調：端正好、滾繡球、倘秀才、靈壽杖、倘秀才、滾繡球、倘秀才、滾繡球、么篇、脫布衫、醉太平、一煞、尾。
劉君錫：《來生債》第三折	
《元曲選》之《來生債》第三折	越調：鬥鵪鶉、紫花兒序、天淨沙、鬼三臺、紫花兒序、憑闌人、寨兒令、么篇、金蕉葉、調笑令、禿廝兒、聖藥王、收尾。
《九宮》卷二十八，《元人百種》	越角：鬥鵪鶉、紫花兒序、天淨沙、三臺印、紫花兒序、憑闌人、寨兒令、金蕉葉、調笑令、禿廝兒、聖藥王、收尾。
楊訥：《西遊記·撇子》（逼母棄兒）	
《元曲選外編》之《西遊記》第二齣《逼母棄兒》	中呂：粉蝶兒、醉春風、迎仙客、石榴花、鬥鵪鶉、上小樓、么、十二月、堯民歌；般涉調：耍孩兒、么、尾聲。
《九宮》卷十五，《西天取經》	中呂調：粉蝶兒、醉春風、迎仙客、石榴花、鬥鵪鶉、上小樓、又一體、十二月、堯民歌、煞尾。
《納書楹曲譜》續集卷三，《西遊記·撇子》	中呂：粉蝶兒、醉春風、迎仙客、石榴花、鬥鵪鶉、上小樓、么篇、十二月、堯民歌、煞尾。
《六也曲譜》利集卷十四，《慈悲願·撇子》	工調：粉蝶兒、沉醉春風、迎仙客、石榴花、鬥鵪鶉、上小樓、么篇、十二月、煞尾。
《集成曲譜》振集卷二，《西遊記·撇子》	尺調：點絳唇；小工調：粉蝶兒、醉春風、迎仙客、石榴花、鬥鵪鶉、上小樓、么篇、十二月、堯民歌、煞尾。
楊訥：《西遊記·認子》（江流認親）	
《元曲選外編》之《西遊記》第三齣《江流認親》	商調：集賢賓、逍遙樂、金菊香、梧葉兒、醋葫蘆、么、么、么；仙呂：後庭花、柳葉兒；商調：浪裏來。
《九宮》卷六十，《西天取經》	商角：集賢賓、逍遙樂、金菊香、梧葉兒、醋葫蘆、又一體、又一體、又一體、後庭花、柳葉兒、浪裏來煞。
《納書楹曲譜》續集卷三，《西遊記·認子》	商調：集賢賓、逍遙樂、金菊香、梧葉兒、醋葫蘆、么篇、么篇、么篇、後庭花、柳葉兒、浪裏來煞。
《遏雲閣曲譜》下集卷十二，《慈悲願·認子》	六字調：集賢賓、逍遙樂、金菊香、梧葉兒、醋葫蘆、其二、其三、其四、後庭芳、柳葉兒、浪裏來煞。
《六也曲譜》利集卷十四，《慈悲願·認子》	六調：北集賢賓、逍遙樂、上馬京、梧葉兒、醋葫蘆、其二、其三、其四、後庭花、浪裏來煞。

《集成曲譜》振集卷二，《西遊記·認子》	六調：集賢賓、逍遙樂、金菊香、梧葉兒、醋葫蘆、么篇、么篇、么篇、後庭花、柳葉兒、浪裏來煞。
楊訥：《西遊記·餞行》（詔餞西行）	
《元曲選外編》之《西遊記》第五齣《詔餞西行》	仙呂：點絳唇、混江龍、油葫蘆、天下樂、醉中天、金盞兒、賞花時、么、尾聲。
《九宮》卷七，《西天取經》	仙呂：點絳唇、混江龍、油葫蘆、天下樂、醉中天、金盞兒、賞花時、又一體、煞尾。
《納書楹曲譜》補遺卷一，《西遊記·餞行》	仙呂：點絳唇、混江龍、油葫蘆、天下樂、醉中天、金盞兒、賞花時、么篇、煞尾。
楊訥：《西遊記·胖姑》（村姑演說）	
《元曲選外編》之《西遊記》第六齣《村姑演說》	雙調：豆葉黃、一緺兒麻、喬牌兒、新水令、雁兒落、川撥棹、七弟兄、梅花酒、收江南、隨煞。
《九宮》卷六十七，《西天取經》	雙角：豆葉黃、一緺兒麻、喬牌兒、新水令、雁兒落、川撥棹、七弟兄、梅花酒、收江南、隨煞。
《納書楹曲譜》續集卷三，《西遊記·胖姑》	雙角：一緺兒麻、喬牌兒、新水令、雁兒落、川撥棹、七弟兄、梅花酒、收江南、煞尾。 （《納書楹》自注：首曲【豆葉黃】其音不雅，故不錄。）
《集成曲譜》振集卷二，《西遊記·胖姑》	小工調：豆葉黃、一緺兒麻、喬牌兒、新水令、雁兒落、川撥棹、七弟兄、梅花酒、收江南、尾聲。
楊訥：《西遊記·定心》（收孫演咒）	
《元曲選外編》之《西遊記》第十齣《收孫演咒》	南呂：一枝花、梁州第七、隔尾、牧羊關、罵玉郎、感皇恩、採茶歌、哭皇天、烏夜啼、么、紅芍藥、菩薩梁州、尾。
《九宮》卷五十四，《西天取經》	南呂調：一枝花、梁州第七、隔尾、牧羊關、罵玉郎、感皇恩、採茶歌、元鶴鳴、烏夜啼、紅芍藥、菩薩梁州、煞尾。
《納書楹曲譜》補遺卷一，《西遊記·定心》	南呂：一枝花、牧羊關、罵玉郎、感皇恩、採茶歌、元鶴鳴、烏夜啼、紅芍藥、菩薩梁州、煞尾。
楊訥：《西遊記·伏虎》（行者除妖）	
《元曲選外編》之《西遊記》第十一齣《行者除妖》	大石調：六國朝、喜秋風、歸塞北、六國朝、雁過南樓、擂鼓休、歸塞北、好觀音、觀音煞
《九宮》卷二十一，《西天取經》	大石角：六國朝、喜秋風、歸塞北、六國朝、雁過南樓、擂鼓體、歸塞北、好觀音、好觀音煞。
《納書楹曲譜》續集卷三，《西遊記·伏虎》	大石角：六國朝、喜秋風、歸塞北、六國朝、雁過南樓、擂鼓體、歸塞北、好觀音、好觀音煞。

楊訥：《西遊記·揭缽》（鬼母皈依）	
《元曲選外編》之《西遊記》第十二齣《鬼母皈依》	越調：鬥鵪鶉、紫花兒序、小桃紅、調笑令、鬼三臺、禿廝兒、麻郎兒、么、絡絲娘、拙魯速、尾。
《納書楹曲譜》補遺卷一，《西遊記·揭缽》	越角：鬥鵪鶉、紫花兒序、小桃紅、調笑令、疊字三臺、禿廝兒、麻郎兒、么篇、絡絲娘、拙魯速、煞尾。
楊訥：《西遊記·海棠傳耗》	
《元曲選外編》之《西遊記》第十四齣《海棠傳耗》	中呂：粉蝶兒；正宮：六么遍；中呂：上小樓、么、喬捉蛇、十二月、堯民歌；般涉調：耍孩兒、煞、尾聲。
《九宮》卷十五，《西天取經》	中呂調：粉蝶兒、六么遍、上小樓、又一體、喬捉蛇、十二月、堯民歌、耍孩兒、一煞、煞尾。
楊訥：《西遊記·女還》（導女還裴）	
《元曲選外編》之《西遊記》第十五齣《導女還裴》	中呂：朝天子；正宮：端正好、蠻姑兒、滾繡球、叨叨令、伴書生、笑和尚、倘秀才、滾繡球、尾；雙調：雁兒落、么。
《納書楹曲譜》續集卷三，《西遊記·女還》	高宮：端正好、蠻姑兒、滾繡球、叨叨令、伴讀書、笑和尚、倘秀才、滾繡球、煞尾。
楊訥：《西遊記·女國》（女王逼配）	
《元曲選外編》之《西遊記》第十七齣《女王逼配》	仙呂：點絳唇、混江龍、油葫蘆、天下樂、那吒令、鵲踏枝、寄生草、么、六么序、么、金盞兒、尾、寄生草。
《納書楹曲譜》補遺卷一，《西遊記·女國》	仙呂：點絳唇、混江龍、油葫蘆、天下樂、哪吒令、鵲踏枝、寄生草、么篇、六么序、么篇、金盞兒、煞尾。
楊訥：《西遊記·迷路問仙》	
《元曲選外編》之《西遊記》第十八齣《迷路問仙》	南呂：玉交枝、么、么、么、醉鄉春；雙調：小將軍、清江引、碧玉宵、隨尾。
《九宮》卷五十四，《西天取經》	南呂調：玉交枝、四塊玉、玉交枝、四塊玉、玉交枝、四塊玉、玉交枝、四塊玉、醉鄉春、小將軍、清江引、碧玉簫、隨尾。
楊訥：《西遊記·借扇》（鐵扇凶威）	
《元曲選外編》之《西遊記》第十九齣《鐵扇凶威》	正宮：端正好、滾繡球、倘秀才、滾繡球、叨叨令、白鶴子；中呂：快活三、鮑老兒、古鮑老、道和、柳青娘、尾。
《九宮》卷三十四，《西天取經》	高宮：端正好、滾繡球、倘秀才、滾繡球、叨叨令、白鶴子、快活三、鮑老兒、古鮑老、柳青娘、道和、煞尾。

《納書楹曲譜》續集卷三，《西遊記·借扇》	高宮：端正好、滾繡球、叨叨令、白鶴子、快活三、鮑老兒、古鮑老、柳青娘、道和、煞尾。
《集成曲譜》振集卷二，《西遊記·借扇》	小工調：端正好、滾繡球、叨叨令、白鶴子、快活三、鮑老兒、古鮑老、對玉環、柳青娘、道和、煞尾。
賈仲明：《蕭淑蘭》第四折	
《元曲選》之《蕭淑蘭》第四折	黃鍾：醉花陰、喜遷鶯、出對子、刮地風、四門子、水仙子、古寨兒令、神杖兒、尾聲。
《九宮》卷七十四，《元人百種》	黃鍾調：醉花陰、喜遷鶯、出對子、刮地風、四門子、古水仙子、古寨兒令、古神杖兒、尾聲。
無名氏：《馬陵道·擺陣》（第一折）	
《元曲選》之《馬陵道》第一折	仙呂：點絳唇、混江龍、油葫蘆、天下樂、醉中天、後庭花、金盞兒、賺煞尾。
《納書楹曲譜》正集卷二，《馬陵道·擺陣》	仙呂：點絳唇、混江龍、油葫蘆、天下樂、醉中天、後庭花、金盞兒、賺煞尾。
無名氏：《馬陵道·孫詐》（第三折）	
《元曲選》之《馬陵道》第三折	雙調：新水令、步步嬌、沉醉東風、攪箏琶、雁兒落、得勝令、掛玉鉤、殿前喜、離亭宴帶鴛鴦煞。
《納書楹曲譜》正集卷二，《馬陵道·孫詐》	雙角：新水令、步步嬌、沉醉東風、攪箏琶、雁兒落、得勝令、掛玉鉤、殿前喜、煞尾。
《集成曲譜》聲集卷一，《馬陵道·孫詐》	尺調：新水令、步步嬌、沉醉東風、攪箏琶、雁兒落、得勝令、詩、掛玉鉤、望遠行、殿前歡、煞尾。
無名氏：《馬陵道·擒龐》（第四折）	
《元曲選》之《馬陵道》第四折	中呂：粉蝶兒、醉春風、石榴花、鬥鵪鶉、上小樓、么篇、快活三、朝天子、十二月、堯民歌、煞尾。
《納書楹曲譜》正集卷二，《馬陵道·擒龐》	中呂：粉蝶兒、醉春風、石榴花、鬥鵪鶉、上小樓、么篇、快活三、朝天子、十二月、堯民歌、尾聲。
無名氏：《貨郎擔·女彈》（第四折）	
《元曲選》之《貨郎擔》第四折	南呂：一枝花、梁州第七、轉調貨郎兒、二轉、三轉、四轉、五轉、六轉、七轉、八轉、九轉、煞尾。
《納書楹曲譜》正集卷二，《貨郎擔·女彈》	南呂：一枝花、梁州第七、轉調貨郎兒、二轉、三轉、四轉、五轉、六轉、七轉、八轉、九轉、煞尾。
《集成曲譜》聲集卷一，《貨郎擔·女彈》	凡調：一枝花、梁州第七、轉調貨郎兒、二轉、三轉、四轉、五轉、六轉、七轉、八轉、九轉、煞尾。

無名氏：《漁樵記·漁樵（北樵）》（第一折）	
《元曲選》之《漁樵記》第一折	仙呂：點絳唇、混江龍、油葫蘆、天下樂、村裏迓鼓、元和令、上馬嬌、勝葫蘆、寄生草、後庭花、青哥兒、賺煞。
《納書楹曲譜》續集卷二，《漁樵記·漁樵》	仙呂：點絳唇、混江龍、村裏迓鼓、寄生草。
《集成曲譜》振集卷一，《漁樵記·北樵》	尺調：點絳唇、混江龍、油葫蘆、天下樂、村裏迓鼓、寄生草、後庭花、青哥兒、賺煞。

無名氏：《漁樵記·逼休》（第二折）	
《元曲選》之《漁樵記》第二折	正宮：端正好、滾繡球、倘秀才、滾繡球、快活三、朝天子、脫布衫、醉太平、三煞、二煞、隨煞尾。
《納書楹曲譜》外集卷一，《漁樵記·逼休》	正宮：端正好、滾繡球、倘秀才、滾繡球；中呂：快活三、朝天子、脫布衫、小梁州；雙調：雁兒落。

無名氏：《漁樵記·寄信》（第三折）	
《元曲選》之《漁樵記》第三折	中呂：粉蝶兒、醉春風、迎仙客、喜春兒、上小樓、么篇、滿庭芳、耍孩兒、一煞、煞尾。
《納書楹曲譜》外集卷一，《漁樵記·寄信》	正宮：端正好、滾繡球；中呂：粉蝶兒、醉春風、迎仙客、上小樓、么篇、下小樓、煞尾。（曹安和注：第三折差異較大）

無名氏：《舉案齊眉》第二折	
《元曲選》之《舉案齊眉》第二折	正宮：端正好、滾繡球、笑歌賞、醉春風、石榴花、鬥鵪鶉、上小樓、么篇、十二月、堯民歌、耍孩兒、煞尾。
《九宮》卷三十四，《元人百種》	高宮：端正好、滾繡球、笑和尚、醉春風、石榴花、鬥鵪鶉、上小樓、又一體、十二月、堯民歌、耍孩兒、煞尾。

無名氏：《連環計·北拜》（第二折）	
《元曲選》之《連環計》第二折	南呂：一枝花、梁州第七、隔尾、四塊玉、罵玉郎、感皇恩、採花歌、絮蝦蟆、牧羊關；雙調：折桂令、隔尾、哭皇天、烏夜啼、黃鍾尾。
《九宮》卷五十三，《元人百種》	南呂調：一枝花、梁州第七、隔尾、四塊玉、罵玉郎、感皇恩、採茶歌、草池春、牧羊關、隔尾、元鶴鳴、烏夜啼、煞尾。
《納書楹曲譜》續集卷二，《連環計·北拜》	南呂：一枝花、四塊玉、罵玉郎、感皇恩、採茶歌、草池春。

無名氏：《百花亭》第二折	
《元曲選》之《百花亭》第二折	商調：集賢賓、逍遙樂、掛金索、山坡羊、梧葉兒、金菊香、醋葫蘆、後庭花、雙雁兒、青歌兒、醋葫蘆、金菊香、醋葫蘆、金菊香、醋葫蘆、浪裏來煞。

《九宮》卷六十，《元人百種》	商角：集賢賓、逍遙樂、掛金索、山坡羊、梧葉兒、金菊香、醋葫蘆、後庭花、雙雁兒、青歌兒、醋葫蘆、金菊香、醋葫蘆、金菊香、醋葫蘆、浪裏來煞。
無名氏：《赤壁賦》第三折	
《元曲選外編》之《蘇子瞻醉寫赤壁賦》第三折	越調：鬥鵪鶉、紫花兒序、小桃紅、金蕉葉、調笑令、耍三臺、聖藥王、煞、尾聲。
《九宮》卷二十八，《赤壁賦》	越調：鬥鵪鶉、紫花兒序、小桃紅、金蕉葉、調笑令、三臺印、聖藥王、隨煞、收尾。
無名氏：《凍蘇秦》第二折	
《元曲選》之《凍蘇秦》第二折	正宮：端正好、滾繡球、倘秀才、伴讀書、笑歌賞、滾繡球、朝天子、四邊靜、煞尾。
《九宮》卷三十四，《元人百種》	高宮：端正好、滾繡球、倘秀才、伴讀書、笑和尚、滾繡球、朝天子、四邊靜、煞尾。
無名氏：《馮玉蘭》第四折	
《元曲選》之《馮玉蘭》第四折	雙調：新水令、駐馬聽、喬牌兒、雁兒落、得勝令、側磚兒、竹枝哥、水仙子。
《九宮》卷六十七，《元人百種》	雙角：新水令、駐馬聽、喬牌兒、雁兒落、得勝令、荊山玉、竹枝歌、水仙子。

Ⅳ、現存元雜劇各折（齣）宮調應用統計表

（據臧懋循《元曲選》與隋樹森《元曲選外編》
整理〔註1〕，以原書目錄爲序）

序號	劇　目	楔子	第一折	楔子	第二折	楔子	第三折	楔子	第四折	第五折
1	漢宮秋	仙呂	仙呂		南呂		雙調		中呂	
2	金錢記		仙呂		正宮		中呂		雙調	
3	陳州糶米	仙呂	仙呂		正宮		南呂 黃鍾		雙調	
4	鴛鴦被	仙呂	仙呂		正宮		越調		雙調	
5	賺蒯通		仙呂		中呂		越調		雙調	
6	玉鏡臺		仙呂		南呂		中呂		雙調	
7	殺狗勸夫	仙呂	仙呂		正宮		南呂		中呂	
8	合汗衫		仙呂		越調		中呂		雙調	
9	謝天香	仙呂	仙呂		南呂		正宮		中呂	
10	爭報恩	仙呂	仙呂		中呂		越調		雙調	
11	張天師		仙呂		南呂	仙呂	正宮		雙調	
12	救風塵		仙呂		商調		正宮		雙調	
13	東堂老	仙呂	仙呂		正宮		中呂		雙調	

〔註 1〕 〔明〕臧晉叔編：《元曲選》，北京：中華書局，1958 年；隋樹森編：《元曲選外編》，北京：中華書局，1959 年。

序號	劇　目	楔子	第一折	楔子	第二折	楔子	第三折	楔子	第四折	第五折
14	燕青博魚	仙呂	大石調		仙呂		中呂		雙調	
15	瀟湘雨	仙呂	仙呂		南呂 黃鍾		黃鍾		正宮	
16	曲江池	仙呂	仙呂		南呂 商調		中呂		雙調	
17	楚昭公		仙呂		越調		中呂		雙調	
18	來生債	仙呂	仙呂		中呂		越調		雙調	
19	薛仁貴	仙呂	仙呂		商調		雙調 中呂		雙調	
20	牆頭馬上		仙呂		南呂 黃鍾		雙調		中呂	
21	梧桐雨	仙呂	仙呂		中呂		雙調		正宮 黃鍾	
22	老生兒	仙呂	仙呂		正宮		越調		雙調	
23	朱砂擔	仙呂	仙呂		南呂 黃鍾		正宮		雙調	
24	虎頭牌		仙呂		雙調		雙調		正宮	
25	合同文字	仙呂	仙呂		正宮		中呂		雙調	
26	凍蘇秦	仙呂	仙呂		正宮		南呂 黃鍾		雙調	
27	兒女團圓	仙呂	仙呂		南呂 黃鍾		商調		雙調	
28	玉壺春		仙呂	仙呂	南呂 黃鍾		中呂		雙調	
29	鐵拐李		仙呂		正宮	仙呂	雙調		中呂	
30	小尉遲		仙呂		中呂		越調		雙調	
31	風光好		仙呂		南呂		正宮 黃鍾		中呂	
32	秋胡戲妻		仙呂		正宮		中呂		雙調	
33	神奴兒		仙呂	仙呂	南呂 黃鍾		中呂		雙調	
34	薦福碑		仙呂	仙呂	正宮		中呂		雙調	
35	謝金吾	仙呂	仙呂		南呂		越調		雙調	

序號	劇　目	楔子	第一折	楔子	第二折	楔子	第三折	楔子	第四折	第五折
36	岳陽樓		仙呂		南呂黃鍾	仙呂	正宮		雙調	
37	蝴蝶夢	仙呂	仙呂		南呂黃鍾		正宮		雙調	
38	伍員吹簫		仙呂		南呂		中呂	仙呂	雙調	
39	勘頭巾		仙呂	仙呂	南呂黃鍾		商調		雙調	
40	黑旋風		正宮	越調	仙呂		雙調		中呂	
41	倩女離魂	仙呂	仙呂		越調		中呂		黃鍾	
42	陳搏高臥		仙呂		南呂黃鍾		正宮		雙調	
43	馬陵道	仙呂	仙呂	仙呂	正宮		雙調		中呂	
44	救孝子		仙呂	仙呂	正宮		中呂		雙調	
45	黃粱夢		仙呂	仙呂	商調		大石調		正宮	
46	揚州夢	仙呂	仙呂		正宮		南呂黃鍾		雙調	
47	王粲登樓	中呂	仙呂		正宮		中呂		雙調	
48	昊天塔		仙呂		中呂		正宮		雙調	
49	魯齋郎	仙呂	仙呂		南呂黃鍾		中呂		雙調	
50	漁樵記		仙呂		正宮	仙呂	中呂		雙調	
51	青衫淚		仙呂	仙呂	正宮		雙調		中呂	
52	麗春堂		仙呂		中呂		越調		雙調	
53	舉案齊眉		仙呂		正宮		越調		雙調	
54	後庭花		仙呂		南呂黃鍾		雙調		中呂	
55	范張雞黍	仙呂	仙呂		南呂黃鍾		商調		中呂	
56	兩世姻緣		仙呂		商調		越調		雙調	
57	趙禮讓肥		仙呂		正宮		越調		雙調	
58	酷寒亭	仙呂	仙呂		越調		南呂黃鍾		雙調	

序號	劇　目	楔子	第一折	楔子	第二折	楔子	第三折	楔子	第四折	第五折
59	桃花女	仙呂	仙呂		正宮		中呂		雙調	
60	竹葉舟	仙呂	仙呂		雙調		南呂 黃鍾		正宮	
61	忍字記	仙呂	仙呂		南呂 黃鍾		雙調		中呂	
62	紅梨花		仙呂		南呂		中呂		雙調	
63	金安壽		仙呂		南呂 黃鍾		商調		雙調	
64	灰欄記	仙呂	仙呂		商調		黃鍾		雙調	
65	冤家債主	仙呂	仙呂		商調		中呂		雙調	
66	㑩梅香	仙呂	仙呂		大石調		越調		雙調	
67	單鞭奪槊	仙呂	仙呂		正宮		越調		黃鍾	
68	城南柳	仙呂	仙呂		正宮		南呂		雙調	
69	誶范叔	仙呂	仙呂		南呂 黃鍾		正宮		雙調	
70	梧桐葉	仙呂	仙呂		正宮		中呂		雙調	
71	東坡夢		仙呂		南呂 黃鍾		正宮		雙調	
72	金線池	仙呂	仙呂		南呂		中呂		雙調	
73	留鞋記	仙呂	仙呂		正宮		中呂		雙調	
74	氣英布		仙呂		南呂		正宮		黃鍾	
75	隔江鬥智		仙呂		中呂		商調	仙呂	雙調	
76	劉行首		仙呂		正宮		中呂		雙調	
77	度柳翠	仙呂	仙呂		南呂 黃鍾		中呂		雙調	
78	誤入桃源		仙呂		正宮	仙呂	中呂		雙調	
79	磨合羅	仙呂	仙呂		黃鍾		商調		中呂	
80	盆兒鬼	仙呂	仙呂		中呂		越調		正宮	
81	對玉梳		仙呂	仙呂	正宮 黃鍾		中呂		雙調	
82	百花亭		仙呂	仙呂	中呂		商調		雙調	

序號	劇　目	楔子	第一折	楔子	第二折	楔子	第三折	楔子	第四折	第五折
83	竹塢聽琴	仙呂	仙呂		中呂		正宮		雙調	
84	抱妝盒	仙呂	仙呂		南呂 黃鍾	仙呂	雙調		中呂	
85	趙氏孤兒	仙呂	仙呂		南呂		雙調		中呂	正宮
86	竇娥冤	仙呂	仙呂		南呂 黃鍾		正宮		雙調	
87	李逵負荊		仙呂		正宮 黃鍾		商調		雙調	
88	蕭淑蘭		仙呂		越調		雙調		黃鍾	
89	連環計		仙呂		南呂 雙調 黃鍾		正宮		雙調	
90	羅李郎	仙呂	仙呂	仙呂	南呂		商調		雙調	
91	看錢奴	仙呂	仙呂		正宮		商調		越調	
92	還牢末	仙呂	仙呂		中呂 商調		雙調		中呂	
93	柳毅傳書	仙呂	仙呂		越調		商調		雙調	
94	貨郎旦		仙呂		雙調		正宮		南呂	
95	望江亭		仙呂		中呂		越調		雙調	
96	任風子		仙呂		正宮		中呂		雙調	
97	碧桃花	仙呂	仙呂		中呂		正宮		雙調	
98	張生煮海		仙呂		南呂 黃鍾		正宮		雙調	
99	生金閣	仙呂	仙呂		越調		南呂 黃鍾		雙調	
100	馮玉蘭		仙呂		正宮		商調		雙調	
101	雙赴夢		仙呂		南呂		中呂		正宮	
102	拜月亭	仙呂	仙呂		南呂		正宮		雙調	
103	裴度還帶		仙呂		南呂		正宮	仙呂	雙調	
104	哭存孝		仙呂		南呂		中呂		雙調	
105	單刀會		仙呂		正宮		中呂		雙調	
106	緋衣夢		仙呂		南呂		越調		雙調	

序號	劇 目	楔子	第一折	楔子	第二折	楔子	第三折	楔子	第四折	第五折
107	調風月		仙呂		中呂		越調		雙調	
108	陳母教子	——	仙呂		南呂		中呂		雙調	
109	五侯宴	仙呂	仙呂		南呂		正宮		商調	
110	遇上皇		仙呂		南呂		中呂		雙調	
111	襄陽會		仙呂		越調	仙呂	中呂	仙呂	雙調	
112	澠池會	正宮	仙呂		中呂		正宮	——	雙調	
113	金鳳釵	仙呂	仙呂		中呂		南呂		雙調	
114	東牆記	仙呂	仙呂		正宮		中呂		越調	雙調
115	圯橋進履		——		南呂	仙呂	正宮		雙調	
116	蔣神靈應		仙呂		南呂	仙呂	越調		雙調	
117	西廂記第一本	仙呂	仙呂		——		越調		雙調	
	第二本		仙呂	正宮	中呂		雙調		越調	
	第三本	仙呂	仙呂		中呂		雙調		越調	
	第四本	仙呂	仙呂		越調		正宮		雙調	
	第五本	仙呂	商調		中呂		越調		雙調	
118	破窯記		仙呂		正宮		中呂		雙調	
119	三奪槊		仙呂		南呂		雙調		正宮	
120	紫雲庭	仙呂	仙呂		南呂		中呂		雙調	
121	貶黃州		仙呂		正宮		越調	——	雙調	
122	貶夜郎		仙呂		正宮		中呂		雙調	
123	莊周夢		仙呂		南呂		正宮		雙調	
124	介子推		仙呂		南呂		中呂		越調	
125	東窗事犯	仙呂	仙呂		中呂	仙呂	越調		正宮	
126	降桑椹		仙呂		商調		中呂		正宮	雙調
127	七里灘		仙呂		越調		正宮		雙調	
128	周公攝政	仙呂	仙呂		中呂		越調		雙調	
129	三戰呂布		仙呂		雙調	仙呂	中呂	仙呂	正宮	
130	智勇定齊		仙呂		中呂	仙呂	越調		雙調	

序號	劇　目	楔子	第一折	楔子	第二折	楔子	第三折	楔子	第四折	第五折
131	伊尹耕莘	仙呂	仙呂		中呂		正宮	仙呂	雙調	
132	老君堂	仙呂	仙呂		中呂	仙呂	黃鍾		雙調	
133	追韓信		仙呂		雙調		中呂		正宮	
134	存孝打虎	仙呂	仙呂		南呂		越調		黃鍾	
135	剪髮待賓		仙呂		正宮		中呂		雙調	
136	霍光鬼諫		仙呂		中呂		正宮		雙調	
137	豫讓吞炭		仙呂		正宮		越調		中呂	
138	敬德不伏老		仙呂		中呂		越調		雙調	
139	風雲會	仙呂	仙呂		南呂		正宮		雙調	
140	西遊記第一本 1～4齣		仙呂		中呂般涉調		商調仙呂商調		雙調	
	第二本 5～8齣		仙呂		雙調		南呂		正宮	
	第三本 9～12齣		仙呂		南呂		大石調		越調	
	第四本 13～16齣		仙呂		中呂正宮中呂般涉調		中呂正宮雙調		越調	
	第五本 17～20齣		仙呂		南呂雙調		正宮中呂		黃鍾	
	第六本 21～24齣		仙呂		商調仙呂商調		越調		雙調南呂雙調	
141	升仙夢		仙呂		中呂		越調		雙調	
142	替殺妻	仙呂	仙呂		正宮		中呂		雙調	
143	小張屠	仙呂	仙呂		越調		中呂		雙調	
144	博望燒屯		仙呂		南呂		雙調		中呂	
145	千里獨行	正宮	仙呂		南呂		中呂		雙調	
146	醉寫赤壁賦		仙呂		南呂	仙呂	越調		雙調	

序號	劇 目	楔子	第一折	楔子	第二折	楔子	第三折	楔子	第四折	第五折
147	雲窗夢		仙呂		正宮		中呂		雙調	
148	獨角牛		仙呂		越調		正宮		雙調	
149	劉弘嫁婢	仙呂	仙呂		中呂		越調		雙調	
150	黃鶴樓		仙呂		正宮		雙調		南呂	
151	衣襖車		仙呂		南呂	——	商調		中呂	
152	飛刀對箭		仙呂		正宮	仙呂	越調		雙調	
153	翫江亭		仙呂		南呂		中呂		雙調	
154	村樂堂		仙呂		南呂	雙調	商調		雙調	
155	延安府		仙呂		正宮		中呂		雙調	
156	黃花峪		仙呂		南呂		正宮		黃鍾	
157	猿聽經		仙呂		南呂		中呂	仙呂	雙調	
158	鎖魔鏡		仙呂		南呂		越調		黃鍾	雙調
159	藍采和		仙呂		南呂		正宮		雙調	
160	符金錠	仙呂	仙呂		南呂		中呂 般涉調	仙呂	雙調	
161	九世同居		仙呂		南呂		正宮		雙調	
162	射柳捶丸		仙呂		南呂	——	越調		雙調	

V、《魏氏樂譜》譯解

譯譜說明：

(1) 本譯譜所據《魏氏樂譜》，為 1768 年日本刊行的「芸香堂」版樂譜，共收錄魏氏家族所傳詞曲音樂 50 首。該書影印版見《續修四庫全書》編纂委員會編《續修四庫全書・子部・藝術類》（第 1096 冊），由上海古籍出版社於 2002 年影印出版。

(2) 一般情況下，方格譜的每一格時值譯作四分音符，樂曲大多譯為 2／4 拍（個別樂曲有 3／4 拍變換）；僅第 44 首《青玉案》一曲，由於工尺譜字過於稠密，特將時值擴大一倍，每方格譯為二分音符時值，整首樂曲譯作 4／4 拍。

(3) 《魏氏樂譜》中每個方格內的細小節奏並不十分明確。本譯譜暫遵從如下原則：方格中記有兩個工尺譜字時，譯作兩個八分音符；記有三個工尺譜字時，依據譜字間隔，譯作「前八後十六」或「前十六後八」節奏型；記有四個工尺譜字時，譯作四個十六分音符。若工尺譜字後面有「・」或「ノ」符號，則按演唱記號處理，譯作八分或十六分附點音符。歌詞單字旋律中若存在譜字重複，則將相同工尺譜字時值合併，以連音線（切分節奏）標記之。

(4) 《魏氏樂譜》聲樂唱腔中工尺譜字的高低八度音，僅「厶」（黃鍾濁）與「合」（黃鍾清）、「四」（太簇濁）與「五」（太簇清）、「一」（姑洗濁）與「乙」（姑洗清）等有較明確區分。其餘如「上」與「𠆩」、「尺」與「𡂡」、「工」與「𢓅」之類，由於記寫或印刷（不清或遺漏）等原因，有時難以明確分辨。這種情況下，則根據旋律與歌詞進行的一般邏

輯，對極少數音程跨度較大且不適於演唱之音，作高低八度調整。另，譜中「六」字暫作「合」字高八度或同度處理。

（5）整部樂譜的調首「合」字音高，爲明代俗樂黃鍾律 a^1。所譯五線譜的調號記法，以樂曲所標俗樂調名各均爲準。若樂曲的宮音與均主不相一致，則宮音位置另以譜號後「含括號的調號」及旋律中的「臨時變音記號」標明。

（6）《魏氏樂譜》的各曲用音，以其所屬俗樂調名規定的音列爲準，各固定唱名工尺譜字據此音列作高低半音處理。歌曲俗樂宮調含義及其與實際音列的關係，詳見本著第六章第三節論述。

（7）各曲中反覆記號的使用，據原譜所標歌詞反覆情況譯寫。

（8）關於《魏氏樂譜》翻譯，前人已有不少成果，如林謙三《明樂八調研究》（張虔譯，上海：上海音樂出版社，1957 年）中的譯譜、中央音樂學院中國音樂研究所編《古代歌曲》（《民族音樂》參考資料之五，內部資料，北京，1961 年）中的楊蔭瀏譯譜、錢仁康《〈魏氏樂譜〉考析》（《音樂藝術》1989 年第 4 期）中的譯譜以及黃翔鵬的《明末清樂歌曲八首》（《黃鍾》1987 年第 4 期）等。近年又有漆明鏡專著《〈魏氏樂譜〉解析》（上海：上海音樂學院出版社，2011 年），完成了凌雲閣六卷本全部譯譜。本著所附芸香堂版譯譜，僅爲筆者課題研究過程中，基於對明代俗樂調名遺存特性的認知，給出的《魏氏樂譜》譯解方案之一。譯譜細節可能與諸家成說存在出入，今附錄於此，供進一步研討。

1. 江陵樂

《乐府诗集·清商曲辞》
《魏氏乐谱》传谱
李宏锋 译谱

双角调（夹钟均，仲吕宫，宫煞）

阳 春 二 三 月， 相 将 踏 百 草.

逢 人 驻 步 看， 扬 声 皆 言 好.

2. 壽陽樂

《乐府诗集·清商曲辞》
《魏氏乐谱》传谱
李宏锋 译谱

正平调（仲吕均，仲吕宫，羽煞）

可怜　　八公　山，
在寿阳，别后莫相忘。
东　台　百余　尺，
凌风云，别后不忘君。

3. 楊白花

[唐]柳宗元 词
《魏氏乐谱》传谱
李宏锋 译谱

道宫（仲吕均，仲吕宫，宫煞）

杨白花，风吹渡江水。坐令
宫树　无　颜　色，摇荡
春光千万里。范范晓日下长
秋，哀歌未断，城鸦起。

4. 甘露殿

[唐]李峤 词
《魏氏乐谱》传谱
李宏锋 译谱

双调（夹钟均，仲吕宫，徵煞）

月宇临丹地，云窗网碧纱，御筵陈桂醑，

天酒酌榴花. 水向浮桥直, 城连禁苑

斜. 承恩恣欢赏, 归路满烟霞.

5. 蝶戀花

[唐]冯延巳 词
《魏氏乐谱》传谱
李宏锋 译谱

正平调（仲吕均，仲吕宫，羽煞）

芳草满园花满目， 帘外微微，细雨笼 庭 竹. 杨

柳千条珠 绿簇,碧池浓 皱 鸳 鸯

浴. 窈窕人家颜似玉， 弦管冷冷，齐奏云 和

曲. 公子欢筵犹未足， 斜阳不用 相 催 促.

6. 估客樂

[南朝陈]陈叔宝 词
《魏氏乐谱》传谱
李宏锋 译谱

双角调（夹钟均，仲吕宫，羽煞）

三　江 结 傳 侣，万 里 不 辞 遥.

恒　随 鹢 首 舫，屡 逐 鸡 鸣 潮.

7. 敦煌樂

[北魏]温子升 词
《魏氏乐谱》传谱
李宏锋 译谱

小石调（仲吕均，仲吕宫，商煞）

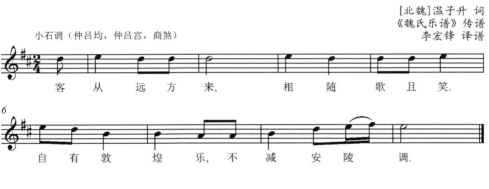

客 从 远 方 来，相 随 歌 且 笑.

自 有 敦 煌 乐，不 减 安 陵 调.

8. 沐浴子

[唐]李白 词
《魏氏乐谱》传谱
李宏锋 译谱

越调（无射均，仲吕宫，徵煞）

沐 芳 莫 弹 冠，浴 兰 莫 振 衣. 处

世　忌 大 洁，至 人 贵 藏 晖.

沧　浪 有 钓 叟，吾 与 尔 同 归.

9. 聖壽

[唐]杨巨源 词
《魏氏乐谱》传谱
李宏锋 译谱

代 是 文明 昼, 春 当 燕喜 时. 炉 烟 添 柳 重,

宫 漏 出 花 迟. 汉典 方 宽 律, 周 官 正采 诗. 碧

宵 传 凤 吹, 红旭 在 龙 旂. 造 化 膺 神器, 阳和 沃

圣慈. 无 因 随百兽, 率舞 在 丹 墀.

10. 喜遷鶯

[宋]康与之 词
《魏氏乐谱》传谱
李宏锋 译谱

双角调（夹钟均，仲吕宫，羽煞）

腊 残 春 早. 正帘 幕 护寒, 楼 台 清 晓. 宝运 当 千,

佳辰 余 五, 嵩岳 诞生 元老. 帝 遣阜 安宗 杜, 人仰 雍容

廊庙.尽总道,是文章 孔孟, 勋庸 周 召. 师 表. 方眷遇,

鱼水 君臣, 须信 从来 少.玉带 金鱼, 朱颜 绿鬓, 占断 世

间 荣耀. 篆 刻鼎 彝将 遍, 整顿 乾坤

都 了. 愿岁岁, 见 柳梢 清 浅,梅 英 红 小.

11. 關山月

[唐]李白 词
《魏氏乐谱》传谱
李宏锋 译谱

道宫（仲吕均，仲吕宫，宫煞）

明 月 出 关 山，苍 茫 云 海 间. 长 风 几 万 里， 吹

度 玉 门 关. 汉 下 白 登 道， 胡 窥 青 海 湾.

由 来 征 战 地，不 见 有 人 还. 戍 客 望 边 邑，

思 归 多 苦 颜. 高 楼 当 此 夜， 叹 息 未 应 闲.

12. 桃葉歌

[东晋]王献之 词
《魏氏乐谱》传谱
李宏锋 译谱

道宫（仲吕均，仲吕宫，宫煞）

桃 叶 复 桃 叶， 渡 江 不 用 撒.

但 渡 无 所 苦， 我 自 来 迎 接.

13. 關雎

《诗经·国风》
《魏氏乐谱》传谱
李宏锋 译谱

双调（夹钟均，仲吕宫，商煞）

14. 清平調

[唐]李白 词
《魏氏乐谱》传谱
李宏锋 译谱

小石调（仲吕均，仲吕宫，商煞）

云 想 衣 裳　　　　花 想 容,　　春 风

拂 栏　　　　露 华 浓.　　若 非 群 玉

山 头 见,　　会 向 瑶 台 月

下 逢.　　一 枝 浓 艳　　　　露 凝 香,

云 雨 巫 山　　　　枉 断 肠.　　借 问

汉 宫　　　　谁 得 似

可 怜 飞 燕 倚 新 妆.

15. 醉起言志

[唐]李白 词
《魏氏乐谱》传谱
李宏锋 译谱

越调（无射均，仲吕宫，徵煞）

处世若大　梦，　胡为　劳其生.所以　终日醉，　颓然卧前　楹.

觉来　盼庭前，　一鸟花间　鸣.借问此何时，　春风　语流

莺.感之欲　叹　息，对酒　还自　倾.浩歌

待明　月，曲尽　已　忘　　情.

16. 行經華陰

[唐]崔颢 词
《魏氏乐谱》传谱
李宏锋 译谱

黄钟羽（无射均，仲吕宫，商煞）

岩绕　太华府咸京，　天外三　峰　削　不　成.

武帝祠前　云欲　散，　仙人掌　上　雨始　晴.河山北枕

秦关　险，　驿路西　连　汉　時　平.借问路

旁　名利　　客，　无如　此处学　长　生.

17. 小重山

[五代] 韦庄 词
《魏氏乐谱》传谱
李宏锋 译谱

小石调（仲吕均，仲吕宫，商煞）

一闭昭 阳 春又 春，夜寒宫漏 永，梦 君

恩.卧思 陈 事暗消魂. 罗衣 湿，红袂有啼 痕.

歌 吹隔重 阁，远庭芳曹绿，倚长 门. 万般惆 怅

向谁 论，凝 情立宫殿，欲黄 昏. 欲黄 昏.

18. 昭夏樂

[南北朝] 庾信 词
《魏氏乐谱》传谱
李宏锋 译谱

双调（夹钟均，仲吕宫，羽煞）

律在夹 钟，服居苍 衮. 杳杳清思，绵绵长 远. 就祭于

合，班神于 本. 来庭有序，助祭有 章. 乐舞六 代，

宾歌二 王. 和铃以节，鑅革斯锵. 斋官馔 玉，郁罍浮

金. 洞庭钟 鼓，龙门瑟琴. 其乐已 变，惟神是 临.

19. 江南弄

[南朝梁] 萧衍 词
《魏氏乐谱》传谱
李宏锋 译谱

黄钟羽（无射均，仲吕宫，商煞）

众花 杂色 满上 林，　舒 芳 耀绿 垂轻 阴. 连手

蹉 跎 舞春　心.舞春 心，　临岁 腹，中 人 望,独 踟 蹰.

20. 玉蝴蝶

[南宋]辛弃疾 词
《魏氏乐谱》传谱
李宏锋 译谱

正平调（仲吕均，仲吕宫，羽煞）

渐 觉东 郊 明 媚，夜 来膏 雨， 一洒尘 埃. 满目浅桃 深杏， 露

染 烟裁.银 塘 静,鱼麟 簟展　烟岫　翠,龟甲 屏开.殷晴 雷,

云中 鼓吹　游遍 蓬 莱.徘　徊.　隼 旗 前 后,

三千 珠履， 十二 金 钗. 雅俗 熙 熙，　下 车成 宴

尽 春台. 好雍 容,东 山　妓　女，　堪笑 傲,北海

樽　垒. 且追 陪,凤 池 归　去，　那 更重 来.

21. 遊子吟

[唐]孟郊 词
《魏氏乐谱》传谱
李宏锋 译谱

小石调（仲吕均，仲吕宫，商煞）

慈 母 手 中 线， 游 子 身 上 衣.

临 行 密 密 缝， 意 恐 迟 迟 归.

难 将 寸 草 心， 报 得 三 春 晖.

22. 太玄觀

[唐]储光仪 词
《魏氏乐谱》传谱
李宏锋 译谱

黄钟羽（无射均，仲吕宫，商煞）

门 外 车 马 喧， 门 里 宫 殿 清.

行 即 黟 若 木， 坐 即 吹 玉 笙.

所 喧 即 非 我， 直 道 其 冥 冥.

23. 陽關曲

[唐] 王维 词
《魏氏乐谱》传谱
李宏锋 译谱

小石调（仲吕均，仲吕宫，商调）

渭城朝雨　浥轻尘，　客舍青青　柳色新，　柳色新.

劝君更尽　一杯酒，　一杯酒，　劝君更尽

一　杯　酒，　西出阳关　无人，

无故人，　西出阳关无　故人.

24. 杏花天

[明] 高濂 词
《魏氏乐谱》传谱
李宏锋 译谱

道宫（仲吕均，仲吕宫，宫煞）

抹红匀，粉墙头面，轻烟混，垂扬金线.半落半开

春眷恋，掩映青旗林店.透韶光，初番娇颤.看上

苑，酒醋芳晏.不禁风剪剪，雨带花飞一片.

25. 採桑子

[五代] 和凝 词
《魏氏乐谱》传谱
李宏锋 译谱

正平调（仲吕均，仲吕宫，羽煞）

蜻蛉 领 上 诃梨 子， 繡带双垂， 椒 户 闲

时， 竞学樗蒲. 赌荔 枝. 丛头鞋子 红编细，

裙窣 金丝. 无事 嚬眉， 春思 翻 教 阿 母 疑.

26. 思歸樂

[唐] 王维 词
《魏氏乐谱》传谱
李宏锋 译谱

小石调（仲吕均，林钟宫，正角煞）

万里 春归 尽， 三 江雁 亦 稀.

连 天 汉 水 广， 孤客 未 言 归.

27. 宮中樂

[唐] 卢纶 词
《魏氏乐谱》传谱
李宏锋 译谱

小石调（仲吕均，林钟宫，正角煞）

云 日 呈 祥 礼 物 殊，　彤 庭 生 献

五 单 于. 塞 垣 万 里 无 飞 鸟，

可 是 边 城 用 郅 都.

28. 平蕃曲

[唐] 刘长卿 词
《魏氏乐谱》传谱
李宏锋 译谱

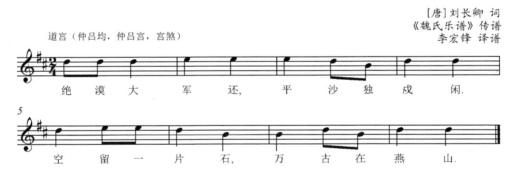

道宫（仲吕均，仲吕宫，宫煞）

绝 漠 大 军 还，平 沙 独 戍 闲.

空 留 一 片 石，万 古 在 燕 山.

29. 賀聖朝

[宋]馬子严 词
《魏氏乐谱》传谱
李宏锋 译谱

小石调（仲吕均，林钟宫，正角煞）

游人拾翠不知　远，　被子规呼转.

红楼倒　影背斜阳，　坠几声弦管.

荼蘼香透，海棠红浅，　恰平分春半.

花前一笑　不须悭，　待花飞休怨.

30. 瑞鶴仙

[宋]康与之 词
《魏氏乐谱》传谱
李宏锋　译谱

道宫（仲吕均，仲吕宫，宫煞）

瑞烟　浮禁苑，正绛阙春回，新正方半．冰轮桂华

满，溢花衢歌市，　芙蓉开遍．龙楼两观，见 银烛 星球

有　烂．卷珠帘,尽日笙歌,盛集宝钗金钏．堪　羡．

绮罗丛　里,　兰麝香中,　正宜游玩．风柔夜暖,

花 影 乱,　笑 声　喧．闹蛾　儿 满路,成团　打块,

簇着冠儿斗转．喜皇都,旧 日风光 太平再　见．

31. 清平樂

[唐]李白 词
《魏氏乐谱》传谱
李宏锋 译谱

小石调（仲吕均，仲吕宫，商煞）

禁 庭 春 昼，莺 羽 披 新 绣．百 草 巧 求 花 下 斗，只

堵 珠 肌 满 斗． 日 晚 欲 理 残 妆， 御 前 闲 舞 霓 裳．

谁 道 腰 肢 窈 窕， 折 旋 消 得 君 王．

32. 隴頭吟

[唐]王维 词
《魏氏乐谱》传谱
李宏锋 译谱

道宫（仲吕均，仲吕宫，宫煞）

长 城 少 年 游 侠 客，夜 上 戍 楼 看 太 白．陇 头 明 月

尚 临 关， 陇 上 行 人 夜 吹 笛．关 西 老 将 不 胜 愁，

驻 马 听 之 双 泪 流． 身 经 大 小 百 余 战， 麾 下 偏 裨

万 户 侯．苏 武 才 为 典 属 国， 节 旄 空 尽 海 西

头． 关 西 老 将 不 胜 愁， 驻 马 听 之 双 泪 流．

33. 龍池篇

[唐] 沈佺期 词
《魏氏乐谱》传谱
李宏锋 译谱

双调（夹钟均，仲吕宫，微煞）

龙 池 跃 龙 龙 已　　　　飞，　　　龙 德

先 天 天 不 违. 池 开 天 汉 分

黄　　　道，龙 向 天 门 入 紫 微. 邸 第 楼 台

多 气 色，君 王 凫 雁 有 光 辉. 为　　报

寰 中 百 川 水，来 朝 此 地 莫 东 归.

34. 天馬

[西汉] 刘彻 词
《魏氏乐谱》传谱
李宏锋 译谱

正平调（仲吕均，仲吕宫，羽煞）

天一况，天马下，霑赤汗，沫流赭. 志俶

傥，精权奇，箫浮云，晻上驰. 体容兴，

迣万里，今安匹，龙 为友. 天马徕，从西

极，涉流沙，九 夷服. 天马徕，出泉水，虎脊

两，化 若鬼. 天马徕，历无草，经 千里，循东

道. 天马徕，执徐 时，将摇举，谁与 期?

天马 徕，开远门，竦予身，逝昆 仑.

天马 徕，龙之媒，游间 阖，观王 台.

35. 月下獨酌

[唐] 李白 词
《魏氏乐谱》传谱
李宏锋 译谱

仙侣调 [疑为小石角] （仲吕均，林钟宫，羽煞）

花 下 一 壶 酒，　独 酌 无 相 亲.　举 杯 邀 明 月，

对 影 成 三 人.　月 既 不 解 饮，　影 徒 随 我 身.

暂 伴 月 将 影，　行 乐 须 及 春. 我 歌 月 徘 徊，我 舞

影 凌 乱.　　醒 时 同 交 欢，　醉 后 各

分 散.　　永 结 无 情 游，相 期 邀 云 汉.

36. 秋風辭

[西汉] 刘彻 词
《魏氏乐谱》传谱
李宏锋 译谱

正平调（仲吕均，仲吕宫，羽煞）

秋风起 兮 白云 飞，草木黄落 兮 雁南归. 兰有秀

兮 菊有 芳，怀佳人 兮 不能 忘. 泛楼船 兮 济汾河，

横中流 兮 扬素 波. 箫鼓鸣 兮 发棹 歌，

欢乐极 兮 哀情 多. 少壮几时 兮 奈老 何.

37. 萬年歡

[宋] 胡浩然 词
《魏氏乐谱》传谱
李宏锋 译谱

越调（无射均，仲吕宫，微煞）

灯 月　交 光，渐 轻 风 布 暖，　先 到 南 国.　罗 绮 娇 容，十 里 绛 纱

笼　　　烛. 花 艳 惊 郎 醉 目.有 多 少,佳 人 如 玉　春 衫　袂,

整 整　齐 齐 内 家 新 样 妆 束.欢 情　未 足.更 兰 谩 勾 牵 旧 恨,萦 乱

心 曲.　怅 望　归 期,　应 是 紫 姑 频 卜.暗 想 双 眉 对 蹙.

断 弦 待,鸾 胶 重 续.休 迷 恋,野 草 闲 花,　凤 箫 人 在 金 谷.

38. 白頭吟

[西汉]卓文君 词
《魏氏乐谱》传谱
李宏锋 译谱

黄钟羽（无射均，仲吕宫，商煞）

皑 如 山上雪，皎 若 云间月，闻君有 两意，故来相 决绝.

今日斗 酒 会，明旦沟 水 头，蹀躞向 沟上，沟 水 东西流.

凄凄 复凄凄，嫁女不须 啼， 愿得一 心人,白头不相 离.竹竿

何 袅 袅， 鱼尾何 簁 簁，男儿重 意 气，何 用 钱力 为?

39. 洞仙歌

[明] 顾潜 词
《魏氏乐谱》传谱
李宏锋 译谱

正平调（仲吕均，仲吕宫，羽煞）

娄江　　一碧，动鲈鱼 佳 兴，浩荡　 鸥 波 放　 烟艇.

过溪桥，十里 香 稻 重 花， 秋 来 晚， 远渚 芙蕖

万柄. 野翁能 爱我，酌 酒 烹 鸡， 何处渔 歌 更 堪 听. 醉起试

推蓬， 骤 雨 初收， 斜阳 外 山 光 云 影.

顾百岁， 逍 遥 瀼 西东， 任 华发 星星， 换来青 镜.

40. 千秋歲

[南宋] 辛弃疾 词
《魏氏乐谱》传谱
李宏锋 译谱

小石调（仲吕均，仲吕宫，商煞）

塞垣 秋草, 又报 平安 好.五 樽 俎 上, 英雄 表.

金汤 生 气 象, 珠玉 霏谈 笑. 春近 也, 梅花 得 似 人

难 老. 莫 惜 金 樽 倒. 凤 诏 看 看 到. 留不住, 江 东 小.

从容帷幄里, 整 顿 乾 坤 了. 千百岁,从 今 尽 是 中 书 考.

41. 水龍吟

[南宋] 辛弃疾　词
《魏氏乐谱》传谱
李宏锋　译谱

正平调（仲吕均，仲吕宫，羽煞）

渡江天马南来，几人真是经纶手.长安父　老，　新亭风景，

可怜　依旧.夷甫诸　人，神州沉陆，几曾回　首.算平戎万

里，功名本是，真儒事君　知否.况有文章山斗，对桐阴满庭清昼.

当年堕地，而今试　看，风云奔　走.绿野风　烟，平泉

草　木,东山歌　酒.待他年,整　顿乾坤事　了,为　先生　寿.

42. 鳳凰臺

[唐] 李白 词
《魏氏乐谱》传谱
李宏锋 译谱

正平调（仲吕均，仲吕宫，羽煞）

置酒延落景， 金陵凤凰台. 长波写万

古， 心与云俱开. 借问往昔时， 凤凰为

谁 来? 凤凰去已久， 正当今日回. 明君越羲轩，

天老坐三 台. 豪士 无 所

用， 弹弦醉金罍. 东风吹出花， 安可不

尽 杯? 六帝没幽草， 深宫

冥绿苔. 置酒勿复道， 歌钟但相催.

Fine

D.S.

43. 大聖樂

无名氏　词
《魏氏乐谱》传谱
李宏锋　译谱

正平调（仲吕均，仲吕宫，羽煞）

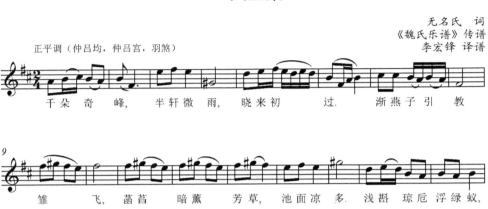

千朵奇峰，半轩微雨，晓来初过.渐燕子引教

雏飞，菡苕暗薰芳草，池面凉多.浅斟琼卮浮绿蚁，

展湘箪双纹生细波.轻纨举，动团圆素月，仙桂婆

娑.临风对月恣乐,便好抱千金邀艳娥.幸太平

无事，击壤鼓腹，携酒高歌.富贵安居，

功名天赋，争奈皆由时命呵.休眉

锁.问朱颜去了，还更来么?

（注：此曲方括号内旋律为笔者补加。）

44. 青玉案

[南宋] 辛弃疾 词
《魏氏乐谱》传谱
李宏锋 译谱

正平调（仲吕均，仲吕宫，羽煞）

东 风 未 放 花 千 树. 早 吹 陨, 星 如 雨. 宝 马 雕 车

香 满 路. 凤 箫 笙 动, 玉 壶 光 转, 一 夜 鱼 龙 舞.

蛾 儿 雪 柳 黄 金 缕, 笑 厣 盈 盈 暗 香 去. 众 里 寻 香

千 百 度, 暮 然 回 首, 那 人 却 在 灯 火 阑 珊 处.

（注：据此曲节奏、节拍组合，与其他乐曲相比，特将其时值扩大一倍，作4/4拍译谱。）

45. 大同殿

[唐] 王维 词

《魏氏乐谱》传谱

李宏锋 译谱

正平调（仲吕均，仲吕宫，羽煞）

欲笑周　文　歌燕镐，　　　还轻汉　　　武

乐横汾.　岂 知 玉 殿　生 三 秀，　讵 有 铜 池

出 五 云.陌 上 尧 尊　倾 北 斗，　楼 前 舜 乐

动 南 熏.共 欢 天 意 同 人 意，　万 岁 千 秋

奉 圣 君.万 岁 千 秋　　奉 圣 君.

46. 玉臺觀

[唐]杜甫 词
《魏氏乐谱》传谱
李宏锋 译谱

越调（无射均，仲吕宫，徵煞）

中天 积翠玉台 遥, 上帝 高居 绛节 朝. 遂有 冯夷

来 击 鼓, 始知 嬴女 善 吹 箫. 江光 隐见 鼋鼍 窟,

石 势 参 差 乌 雀 桥. 更有 红 颜

生 羽 翰, 便 应 黄 发 老 渔 樵.

47. 長歌行

《乐府诗集·相和歌辞》
《魏氏乐谱》传谱
李宏锋 译谱

小石调（仲吕均，仲吕宫，羽煞）

青　　青　　园　中　葵，朝　　露　待　日

晞.　阳　春　布　　德　泽，万　　物　生　光

辉.　常　　恐　秋　节　至，　焜　黄

华　叶　衰.百　川　　东　到　海，

何　　时　复　西　归.少　　壮　不

努　力，　老　　大　　徒　伤　悲.

48. 風中柳

[明]陈眉公 词
《魏氏乐谱》传谱
李宏锋 译谱

道宫（仲吕均，仲吕宫，宫煞）

燕 燕 于 飞，补 茸 旧 巢 堪 宿. 草 庵 宽，何 须 华 屋.

水 儿 一 曲，山 儿 一 幅，画 中 人 须 眉 皆 绿. 柱 杖

敲 门，有 客 来 看 修 竹. 但 家 怀，园

蔬 溪 软，菊 花 酒 足. 松 花

饭 熟，日 三 竿 图 些 清 福.

49. 慶春澤

[南宋] 刘镇 词
《魏氏乐谱》传谱
李宏锋 译谱

道宫（仲吕均，仲吕宫，宫煞）

灯 火 烘 春, 楼 台 浸 月, 良 宵 一 刻 千 金. 锦 步 承 莲,

彩云簇仗 难 寻. 蓬壶影动 星毯转, 映两行 宝珥 瑶簪. 恣

嬉游,玉 漏 声 催, 未 歇 芳 心. 笙歌十里 夸 张 地,记年时

行 乐, 憔 悴 而 今. 客 里 情 怀, 伴人间 笑 间 吟. 小 桃

未 尽 刘 郎 老, 把 相 思 细 写 瑶 琴.

怕 归 来, 红 紫 欺 风, 三 径 成 阴.

50. 齊天樂

[宋]杨无咎 词
《魏氏乐谱》传谱
李宏锋 译谱

道宫（仲吕均，仲吕宫，宫煞）

疏疏几点　黄梅雨，佳时又

逢重午.角黍包金,香　蒲　泛玉,风物依　然荆楚.形裁艾

虎,更钗袅朱符,臂缠红　缕.扑粉香绵，唤　风缓扇小窗午. 沈湘

人去　已远,劝君休对 景,感时怀 古.慢啭　莺喉，

轻　敲　象板，胜读离　骚章 句.荷香暗 度，渐引入

酶酶，醉乡深处.卧听江头，画舫　喧 韵鼓.

VI、圖片、表格、譜例目錄

一、圖片目錄

圖 1－1：日本篳篥形制、音位譜字及其與宋代字譜的對應關係

圖 1－2：《事林廣記》中的管色指法圖

圖 1－3：《樂學軌範》記載的大笒七調指法圖

圖 1－4：《事林廣記》記載的黃鍾、大呂、太簇、夾鍾四律煞聲音列

圖 1－5：敦煌 220 窟初唐樂隊壁畫

圖 1－6：敦煌 220 窟壁畫中的琵琶伎樂（細部）

圖 1－7：敦煌樂譜第一組樂曲「角調」結構圖

圖 1－8：《樂書要錄》卷七中的八十四調圖

圖 2－1：曾侯乙墓出土篪示意圖

圖 2－2：長沙馬王堆一號漢墓出土瑟

圖 2－3：長沙馬王堆三號漢墓出土「雙笛」（正反面）

圖 2－4：長沙馬王堆出土雙笛尺寸示意圖

圖 2－5：陳暘《樂書》卷一百二十二之「篴」

圖 2－6：《樂學軌範》記載的五音律呂二十八調圖

圖 2－7：《樂律表微》卷六所列「黃鍾笛七調」、「大呂笛七調」音位表

圖 3－1：唐宋俗樂宮調體系音高標準變遷示意圖

圖 3－2：白石道人小像

圖 3－3：《白石道人歌曲》中的自度曲

圖 3－4：王驥德《曲律》所載詞樂俗字譜

圖4－1：《瑟譜》弦律結構圖

圖4－2：《瑟譜》旋宮圖

圖4－3：《瑟譜》南呂五調起調畢曲圖

圖5－1：山西蒲縣河西村媧皇廟石雕香臺宋雜劇角色摹本

圖5－2：山西蒲縣河西村媧皇廟石雕香臺宋雜劇角色中的吹笛者

圖5－3：山西洪洞縣明應王廟元代壁畫「大行散樂忠都秀在此作場」

圖5－4：河北邯鄲峰峰礦區老爺山摩崖石刻中的鼓、笛、拍板組合

圖5－5：元雜劇「五均」使用頻次示意圖

圖5－6：元雜劇第一折仙呂宮均後接第二折宮調分佈圖

圖5－7：元雜劇末折中呂宮均前接倒數第二折宮調分佈圖

圖5－8：紮爾紮爾（Zalzal）音階結構

圖5－9：新疆地區維吾爾木卡姆地理分佈圖

圖5－10：中國北方地區清羽（變宮）遊移與伊斯蘭信仰分佈的關係

圖5－11：王光祈世界三大樂系流傳關係圖

圖5－12：唐代絹畫「熾盛光佛及五星圖」

圖5－13：「熾盛光佛及五星圖」局部之「西方金星彈琵琶形象」

圖6－1：朱載堉《靈星小舞譜》中的《思文后稷譜章》（調寄金字經）

圖6－2：李文察《清宮樂章》開始部份

圖6－3：《南雍志・音樂考上》卷十三「簫笛音位圖」

圖6－4：《鍾律通考》卷六「篳篥音位圖」

圖6－5：《文林聚寶萬卷星羅》記載的「橫笛音位圖」

圖6－6：明代琵琶譜《高和江東・清音串》

圖6－7：《數度衍》記載的「簫笛七調陞降圖」

圖6－8：笛色譜字調定位尺（未動狀）

圖6－9：笛色譜字調定位尺（移動狀）

圖6－10：笛色譜字調定位尺（筆者複製品）

圖6－11：笛色譜字調定位尺（示意圖）

圖6－12：民間工尺七調結構圖

圖6－13：《魏氏樂譜》（芸香堂版）卷末所載工尺譜字及八度對應關係

圖6－14：《魏氏樂譜》（芸香堂版）卷末所載工尺譜字與十二律名

圖6－15：智化寺京音樂十七簧笙管序、譜字和音位圖

圖7－1：《太和正音譜》（卷上）之大石調詞譜

圖7－2：《明成化說唱詞話叢刊》之《白兔記》詞譜

圖7－3：《增訂南九宮曲譜》之小石調詞譜

圖7－4：《新定九宮大成南北詞宮譜》之「仙呂宮引」譜式

圖7－5：《新編南詞定律》之「商調過曲」譜式

圖7－6：《遏雲閣曲譜》之《牡丹亭・遊園》譜式

圖7－7：《太古傳宗琵琶調西廂記曲譜》之《送別・朝天子》

圖7－8：方成培《香研居詞麈》中的「近世度曲七調之圖」

圖7－9：《碎金詞譜・凡例》所載「工尺七調結構圖」

圖7－10：西安鼓樂平調笛音位圖

圖7－11：俗樂二十八調調高順旋與筒音逆旋圖

二、表格目錄

表1－1：《琵琶諸調子品》之二十八調定弦表

表1－2：曾侯乙鍾頎曾核心音與民族音樂四宮傳統調名比較表

表1－3：《唐會要》「天寶十四調」結構表

表1－4：敦煌樂譜第一組各曲宮調結構表

表2－1：舞陽賈湖M282：20、M282：21骨笛音位對照表

表2－2：中義鍾、柞鍾組合音列表

表2－3：曾侯乙編磬編次復原表

表2－4：曾侯乙雌雄簫管次調音推算表

表2－5：曾侯乙墓應律樂器音列組合一覽表

表2－6：馬王堆三號漢墓出土雙笛複製品平吹印象表

表2－7：張炎《詞源》八十四調表

表3－1：二十八調七均對應筒音與調高一覽表

表3－2：正管高般涉調與中管平般涉調篳篥音位對照表

表3－3：宋初教坊四十大曲曲名及所用宮調一覽表

表3－4：《唐會要》所載俗樂宮調、樂曲一覽表

表3－5：北宋黃鍾律高變遷一覽表

表3－6：《夢溪筆談》與《唐會要》所載古今樂律樂調對照表

表3－7：黃鍾均「三宮」結構表

表3－8：姜白石歌曲所用宮調、譜字、音階對照表

表3－9：白石道人歌曲宮調分佈一覽表

表3－10：俗樂二十八調犯調結構表

表3－11：《樂府混成集》俗字譜音位對照表

表4－1：《瑟譜・詩新譜》樂曲宮調一覽表

表4－2：存見元雜劇折（齣）樂譜宮調應用一覽表

表4－3：《九宮大成南北詞宮譜》十二月令宮調分配表

表4－4：「元劇集」與《九宮大成》、《納書楹曲譜》所載調名對應表

表5－1：近代北曲各宮調實用調高統計表

表5－2：元雜劇各折（齣）宮調的應用次數與結構分佈

表5－3：二人臺與元雜劇調高及管色指法對照表

表5－4：元雜劇宮調結構及其與工尺七調對應關係表

表5－5：元雜劇第一折仙呂宮均後接第二折宮調統計表

表5－6：元雜劇末折中呂宮均前接倒數第二折宮調統計表

表5－7：中國伊斯蘭十大民族人口地區（局部）分佈表（2000年）

表5－8：中國穆斯林人口分佈總體格局

表5－9：正倉院北倉阮咸柱位音程關係推算表

表6－1：《夢溪筆談・補筆談》工尺譜字與十二律呂對照表

表6－2：工尺七調與二十八調七均管色筒音對照表

表6－3：「俗樂二十八調」與「明清工尺七調」音位關係表

表6－4：雌雄笛七調音高對照表

表6－5：「正宮調工尺調名系統」與「笛色譜字調定位尺」各調關係一覽表

表6－6：工尺七調與笛色音位和字調定位尺「出調」對應關係表

表6－7：魏氏樂管色、雲鑼音位與工尺譜字對照表

表6－8：《魏氏樂譜》四均八調及其與笛色音位對照表

表6－9：《魏氏樂譜》50曲宮調結構一覽表

表7－1：《納書楹曲譜》所標工尺七調一覽表

表7－2：以正宮調爲基礎的工尺七調系統一覽表

表7-3：以小工調爲基礎的工尺七調系統一覽表

表7-4：《養正軒琵琶譜》工尺調名關係表（兩系統混用）

表7-5：以乙字調爲基礎的工尺七調系統一覽表

表7-6：清載武《樂律明眞解義》所述「簫上七調」結構表

表7-7：以乙字調爲基礎的工尺七調訛變系統

表7-8：三種系統工尺七調原調與訛變調名對照表

表7-9：冀東嗩吶七調及其與歷史調名對應關係一覽表

表7-10：冀東嗩吶基礎三調結構表

表7-11：智化寺京音樂調高五度順旋與筒音五度逆旋對照表

表7-12：俗樂二十八調鏡像對稱結構中的智化寺調名

表7-13：智化寺京音樂曲笛七調音位表

表7-14：《通雅》、《竟山樂錄》「工尺七調」音位表

三、譜例目錄

譜1-1：敦煌樂譜第一組第4曲結尾

譜1-2：敦煌樂譜第一組第7曲結尾

譜1-3：敦煌樂譜第9曲第一樂段結尾

譜1-4：敦煌樂譜第9曲第二樂段結尾

譜1-5：敦煌樂譜第6曲第一段結尾

譜1-6：敦煌樂譜第4曲第一段結尾

譜1-7：《夢溪筆談・補筆談》記載的二十八調正宮均音階

譜1-8：敦煌樂譜第一組樂曲角調音階

譜1-9：唐傳五弦琵琶譜之《三臺》第一樂句（葉棟譯譜）

譜2-1：河南輝縣琉璃閣殷墟大小塤音列對比

譜2-2：中義鍾（8件）音列

譜2-3：柞鍾（8件）音列

譜2-4：中義鍾、柞鍾組合音列

譜2-5：曾侯乙編磬編次及音列組合

譜2-6：曾侯乙雌雄簾平吹音列組合（推測）

譜2-7：曾侯乙雌雄簫音列組合（推測）

譜2-8：曾侯乙編鍾上層鈕鍾音列組合

譜 2－9：曾侯乙編鍾三層音列組合

譜 2－10：曾侯乙墓出土瑟的定弦（推測）

譜 3－1：王驥德《曲律》所載《樂府混成集》之詞樂殘譜

譜 4－1：長沙馬王堆漢瑟定弦（推測）

譜 4－2：熊朋來《瑟譜》定弦

譜 4－3：《伐檀》音階與二十八調歇指角音階對比

譜 5－1：「變體燕樂音階」和「變體古音階」

譜 5－2：拉斯特（rāst）音階

譜 5－3：民族器樂合奏《喜洋洋》（片段）

譜 5－4：評劇《劉巧兒‧巧兒我採桑葉》（片段）

譜 6－1：明代《洪武欽頒樂章》第一段「迎神」

譜 6－2：《南雍志》轉錄詩樂譜《關雎》

譜 6－3：《文林聚寶萬卷星羅》中的《清江引》（橫笛音高譜）

譜 6－4：智化寺京音樂《音樂腔譜》之《望江南》

譜 6－5：五臺山佛樂《大八寶》、《小八寶》開始部份對比

譜 6－6：「四宮」與「七宮」系統小石調音階比較

譜 7－1：《琵琶調西廂記曲譜》之《送別‧朝天子》

參考文獻

一、古典文獻

1. 〔梁〕沈約:《宋書》,北京:中華書局,1974 年。

2. 〔唐〕段安節:《樂府雜錄》,載中國戲曲研究院編《中國古典戲曲論著集成》(一),北京:中國戲劇出版社,1959 年。

3. 〔唐〕李鼎祚:《周易集解》北京:中國書店,1984 年。

4. 〔唐〕魏徵等:《隋書》,北京:中華書局,1973 年。

5. 〔唐〕武則天敕撰:《樂書要錄》,《續修四庫全書》(第 113 冊)影印本,上海:上海古籍出版社,2003 年。

6. 〔宋〕陳暘:《樂書》,清光緒丙子春(1876 年)刊本。

7. 〔宋〕灌圃耐得翁:《都城紀勝》,北京:中國商業出版社,1982 年。

8. 〔宋〕姜白石:《白石詩詞集》,夏承燾校輯,北京:人民文學出版社,1959 年。

9. 〔宋〕黎靖德編:《朱子語類》,北京:中華書局,1986 年。

10. 〔宋〕柳永:《木蘭花慢》,載唐圭璋編《全宋詞》,北京:中華書局,1965 年。

11. 〔宋〕陸游:《南唐書》,載《芋園叢書》,民國二十四年(1935 年)南海黃氏據舊版彙印本。

12. 〔宋〕歐陽修、宋祁:《新唐書》,北京:中華書局,1975 年。

13. 〔宋〕歐陽修:《歸田錄》,北京:中華書局,1981 年。

14. 〔宋〕司馬光:《資治通鑒》,新疆人民出版社、新世紀出版社,2000 年。

15. 〔宋〕蘇軾:《蘇軾文集》,北京:中華書局,1986 年。

16. 〔宋〕王溥：《唐會要》，北京：中華書局，1955年。

17. 〔宋〕吳文英：《夢窗詞》，上海：上海古籍出版社，1988年。

18. 〔宋〕葉夢得：《避暑錄話》，宣統己酉（1909年）季冬葉氏觀古堂刊本。

19. 〔宋〕俞文豹：《吹劍錄全編》，上海：古典文學出版社，1958年。

20. 〔宋〕岳珂：《桯史》，北京：中華書局，1981年。

21. 〔宋〕張炎：《詞源》，見蔡楨《詞源疏證》，北京：中國書店，據金陵大學中國文化研究所排印本影印，1985年。

22. 〔宋〕周密：《齊東野語》，北京：中華書局，1983年。

23. 〔宋〕朱弁：《曲洧舊聞》，北京：中華書局，2002年。

24. 〔元〕陳元靚：《新編群書類要事林廣記》，日本元祿十二年（1699年）翻刻元泰定二年刻本，載〔日〕長澤規矩也編《和刻本類書集成》第一輯，上海：上海古籍出版社，1990年影印本。

25. 〔元〕歐陽玄：《圭齋文集》，《文淵閣四庫全書》（電子版），上海人民出版社、迪志文化出版有限公司出版，標準書號：ISBN7-980014-91-X/Z52。

26. 〔元〕陶宗儀：《南村輟耕錄》，北京：中華書局，2005年。

27. 〔元〕脫脫等：《遼史》，北京：中華書局，1974年。

28. 〔元〕脫脫等：《宋史》，北京：中華書局，1977年。

29. 〔元〕熊朋來：《瑟譜》，墨海金壺本。

30. 〔元〕燕南芝庵：《唱論》，載中國戲曲研究院編《中國古典戲曲論著集成》（一），北京：中國戲劇出版社，1959年。

31. 〔元〕元英宗敕撰：《大元通制條格》，臺北：華文書局股份有限公司，據1930年北平圖書館影印明初墨格寫本影印，1980年。

32. 〔元〕周德清：《中原音韻》，載中國戲曲研究院編《中國古典戲曲論著集成》（一），北京：中國戲劇出版社，1959年。

33. 〔明〕方以智：《通雅》，《文淵閣四庫全書》（電子版），上海人民出版社、迪志文化出版有限公司出版，標準書號：ISBN7-980014-91-X/Z52。

34. 〔明〕方以智：《物理小識》，《文淵閣四庫全書》（電子版），上海人民出版社、迪志文化出版有限公司出版，標準書號：ISBN7-980014-91-X/Z52。

35. 〔明〕顧炎武：《日知錄》，上海：上海古籍出版社，2006年。

36. 〔明〕何喬遠：《閩書》，福州：福建人民出版社，1994年。

37. 〔明〕黃佐：《南雍志》，江蘇省立國學圖書館影印原本，1931年。

38. 〔明〕康海：《對山集》，《四庫存目叢書》（第52冊），濟南：齊魯出版社，1997年。

39. 〔明〕李開先：《詞謔》，載中國戲曲研究院編《中國古典戲曲論著集成》（三），北京：中國戲劇出版社，1959 年。

40. 〔明〕李開先：《李開先集》，北京：中華書局，1959 年。

41. 〔明〕倪復：《鍾律通考》，《文淵閣四庫全書》（電子版），上海人民出版社、迪志文化出版有限公司出版，標準書號：ISBN7-980014-91-X/Z52。

42. 〔明〕沈寵綏：《度曲須知》，載中國戲曲研究院編《中國古典戲曲論著集成》（五），北京：中國戲劇出版社，1959 年。

43. 〔明〕沈德符：《顧曲雜言》，載中國戲曲研究院編《中國古典戲曲論著集成》（四），北京：中國戲劇出版社，1959 年。

44. 〔明〕沈璟編：《增訂南九宮曲譜》，明末永新龍驤刻本，見王秋桂主編《善本戲曲叢刊》（第三輯），臺北：學生書局，1984 年。

45. 〔明〕宋濂等：《元史》，北京：中華書局，1976 年。

46. 〔明〕王驥德：《曲律》，載中國戲曲研究院編《中國古典戲曲論著集成》（四），北京：中國戲劇出版社，1959 年。

47. 〔明〕王圻：《續文獻通考》，《萬有文庫》本，上海：商務印書館，1936 年。

48. 〔明〕魏良輔：《曲律》，載中國戲曲研究院編《中國古典戲曲論著集成》（五），北京：中國戲劇出版社，1959 年。

49. 〔明〕魏雙侯傳、〔日〕筒井郁景周編：《魏氏樂器圖》，觀瀾亭藏版，1780 年。

50. 〔明〕徐會瀛輯：《新鍥燕臺校正天下通行文林聚寶萬卷星羅》，北京圖書館古籍出版編輯組編《北京圖書館古籍珍本叢刊》（76），北京：書目文獻出版社，據明萬曆樹林余獻可刻本影印，1995 年。

51. 〔明〕佚名：《高和江東》琵琶譜，明嘉靖年間抄本，中國藝術研究院音樂研究所藏影印本。

52. 〔明〕佚名：《明成化說唱詞話叢刊》（十六種附白兔記傳奇一種），明成化年間永順堂刻印本，上海：上海市文物保管委員會、上海博物館影印，1973 年。

53. 〔明〕臧晉叔編：《元曲選》，北京：中華書局，1958 年。

54. 〔明〕張大復：《梅花草堂筆談》，《筆記小說大觀》（第 32 冊），揚州：江蘇廣陵古籍刻印社，1983 年。

55. 〔明〕張岱：《陶庵夢憶》，上海：上海古籍出版社，1982 年。

56. 〔明〕朱權編：《太和正音譜》，明洪武間原刻本，輯入《涵芬樓秘笈》（第九集），上海：商務印書館，1920 年影印。

57. 〔明〕朱載堉：《律呂精義》，東京：早稻田大學藏《樂律全書》明萬曆

鄭藩刻本。

58. 〔明〕朱載堉:《律呂精義》,馮文慈點注,北京:人民音樂出版社,2006年。

59. 〔清〕陳澧:《聲律通考》,《續修四庫全書》(第 116 冊)影印本,上海:上海古籍出版社,2003 年。

60. 〔清〕方成培:《香研居詞麈》,《叢書集成初編》本,上海:商務印書館,1936 年。

61. 〔清〕方中通:《數度衍》,見《文淵閣四庫全書》(電子版),上海人民出版社、迪志文化出版有限公司出版,標準書號:ISBN7-980014-91-X/Z52。

62. 〔清〕胡彥昇:《樂律表微》,《文淵閣四庫全書》(電子版),上海人民出版社、迪志文化出版有限公司出版,標準書號:ISBN7-980014-91-X/Z52。

63. 〔清〕華秋蘋編:《借雲館小唱》,清刻本,《續修四庫全書》(第 1096 冊)影印本,上海:上海古籍出版社,2003 年。

64. 〔清〕李塨:《李氏學樂錄》,《文淵閣四庫全書》(電子版),上海人民出版社、迪志文化出版有限公司出版,標準書號:ISBN7-980014-91-X/Z52。

65. 〔清〕李斗:《揚州畫舫錄》,北京:中華書局,2007 年。

66. 〔清〕李調元:《劇話》,載中國戲曲研究院編《中國古典戲曲論著集成》(八),北京:中國戲劇出版社,1959 年。

67. 〔清〕李漁:《李漁全集》,杭州:浙江古籍出版社,1991 年。

68. 〔清〕李漁:《閒情偶寄》,北京:中華書局,2007 年。

69. 〔清〕凌廷堪:《燕樂考原》,絲埜堂藏版,載《續修四庫全書‧經部‧樂類》(第 115 冊),上海:上海古籍出版社,2002 年。

70. 〔清〕劉錦藻:《清朝續文獻通考》,萬有文庫本,上海:商務印書館,1955 年。

71. 〔清〕呂世雄等輯:《新編南詞定律》,中國藝術研究院戲曲研究所藏清康熙刻本,《續修四庫全書》(第 1751～1753 冊)影印本,上海:上海古籍出版社,2003 年。

72. 〔清〕毛奇齡:《竟山樂錄》,《文淵閣四庫全書》(電子版),上海人民出版社、迪志文化出版有限公司出版,標準書號:ISBN7-980014-91-X/Z52。

73. 〔清〕秦蕙田:《五禮通考》,《文淵閣四庫全書》(電子版),上海人民出版社、迪志文化出版有限公司出版,標準書號:ISBN7-980014-91-X/Z52。

74. 〔清〕阮元校刻:《十三經注疏》,北京:中華書局,1980 年。

75. 〔清〕王錫純輯:《過雲閣曲譜》,《續修四庫全書》(第 1758 冊)影印清刻本,上海:上海古籍出版社,2003 年。

76. 〔清〕王先謙:《東華續錄》,《續修四庫全書》(第 373 冊)影印本,上海:上海古籍出版社,2003 年。

77. 〔清〕謝元淮編:《碎金詞譜》,清道光刻朱墨套印本,《續修四庫全書》(第 1737 冊)影印本,上海:上海古籍出版社,2003 年。

78. 〔清〕徐大椿:《樂府傳聲》,載中國戲曲研究院編《中國古典戲曲論著集成》(七),北京:中國戲劇出版社,1959 年。

79. 〔清〕葉堂編:《納書楹曲譜》,據清乾隆五十七年至五十九年(1792～1794 年)納書楹原刻本影印,王秋桂主編《善本戲曲叢刊》第六輯,臺北:臺灣學生書局,1987 年。

80. 〔清〕葉調元:《漢口竹枝詞》,見徐明庭、馬昌松《漢口竹枝詞校注》,武漢:湖北人民出版社,1985 年。

81. 〔清〕怡庵主人輯:《六也曲譜》,清光緒三十四年(1908 年)序本,榮氏三樂堂刊本。

82. 〔清〕永瑢等:《四庫全書總目提要》,北京:中華書局,1965 年。

83. 〔清〕允祿等:《皇朝禮器圖式》,影印文淵閣四庫全書本,臺灣:商務印書館,1983 年。

84. 〔清〕允祿等:《雍正上諭內閣》,浙江書局,清光緒二十一年(1895 年)刊本。

85. 〔清〕載武:《樂律明眞解義》,《續修四庫全書》(第 116 冊),上海:上海古籍出版社,2003 年。

86. 〔清〕張廷玉等:《皇朝文獻通考》,《文淵閣四庫全書》(電子版),上海人民出版社、迪志文化出版有限公司出版,標準書號:ISBN7-980014-91-X/Z52。

87. 〔清〕張廷玉等:《明史》,北京:中華書局,1974 年。

88. 〔清〕周祥鈺等:《新定九宮大成南北詞宮譜》,古書流通處 1923 年影印清乾隆十一年刻本,《續修四庫全書》(第 1753 冊)影印本,上海:上海古籍出版社,2003 年。

二、中文專著(文集)

1. 《中國新疆維吾爾木卡姆藝術樂器圖像音像集粹》編集委員會編:《中國新疆維吾爾木卡姆藝術樂器圖像音像集粹》,北京:中央音樂學院出版社,2007 年。

2. 《中國音樂文物大系》總編輯部編:《中國音樂文物大系》(北京、湖南、陝西、天津卷),鄭州:大象出版社。

3. 蔡楨:《詞源疏證》,北京:中國書店,1985 年據原金陵大學中國文化研究所排印本影印。

4. 曹安和編：《現存元明清南北曲全折（齣）樂譜目錄》，北京：人民音樂出版社，1989 年。

5. 陳高華：《陳高華說元朝》，上海：上海科學技術文獻出版社，2009 年。

6. 陳序經：《中國文化的出路》，北京：中國人民大學出版社，2004 年。

7. 陳應時：《敦煌樂譜解譯辯證》，上海：上海音樂學院出版社，2005 年。

8. 陳應時：《中國樂律學探微》（音樂文集），上海：上海音樂學院出版社，2004 年。

9. 崔憲：《曾侯乙編鍾鍾銘校釋及其律學研究》，北京：人民音樂出版社，1997 年。

10. 戴念祖：《天潢真人朱載堉》，鄭州：大象出版社，2008 年。

11. 方建軍：《音樂考古與音樂史》（音樂文集），北京：人民音樂出版社，2011 年。

12. 馮友蘭：《中國哲學史》，涂又光譯，北京：北京大學出版社，1985 年。

13. 傅抱石：《中國繪畫變遷史綱》，上海：上海古籍出版社，1998 年。

14. 傅利民：《中國民族器樂配器教程》，上海：上海教育出版社，2005 年。

15. 郭樹群：《詰問黃鍾大呂》（音樂學文集），北京：人民音樂出版社，2008 年。

16. 郭樹群等：《中國樂律學百年論著綜錄》，北京：華樂出版社，1998 年。

17. 郭樹群主編：《中國樂律學百年論著綜錄》（續編）北京：人民音樂出版社，2008 年。

18. 郭秀豔：《實驗心理學》，北京：人民教育出版社，2004 年。

19. 郭玉德等：《耳解剖學手冊》，北京：軍事醫學科學出版社，2004 年。

20. 哈爾濱師範大學中文系古籍整理研究室編：《燕樂三書》（《燕樂考原》、《隋唐燕樂調研究》、《燕樂探微》），哈爾濱：黑龍江人民出版社，1986 年。

21. 海震：《戲曲音樂史》，北京：文化藝術出版社，2003 年。

22. 韓寶強：《音的歷程——現代音樂聲學導論》，北京：中國文聯出版社，2003 年。

23. 韓寶強：《音樂理論：請注明你的有效性》（音樂文集），上海：上海音樂學院出版社，2004 年。

24. 韓軍：《五臺山佛教音樂》，上海：上海音樂出版社，2004 年。

25. 韓淑德、張之年：《中國琵琶史稿》（增補本），上海：上海音樂學院出版社，2010 年。

26. 何新：《諸神的起源——中國遠古太陽神崇拜》，北京：光明日報出版社，1996 年。

27. 河南省文物考古研究所編：《舞陽賈湖》，北京：科學出版社，1999 年。

28. 胡志厚：《論管子研究》，北京：人民音樂出版社，1996 年。

29. 湖北省博物館編：《曾侯乙墓》，北京：文物出版社，1989 年。

30. 湖南省博物館、湖南省文物考古研究所編：《長沙馬王堆二、三號漢墓》，北京：文物出版社，2004 年。

31. 湖南省博物館、中國科學院考古研究所編：《長沙馬王堆一號漢墓》，北京：文物出版社，1973 年。

32. 黃翔鵬：《傳統是一條河流》（音樂文集），北京：人民音樂出版社，1990 年。

33. 黃翔鵬：《黃翔鵬文存》（上、下冊），濟南：山東文藝出版社，2007 年。

34. 黃翔鵬：《樂問》（音樂文集），北京：中央音樂學院學報社，2000 年。

35. 黃翔鵬：《溯流探源》（音樂文集），北京：人民音樂出版社，1993 年。

36. 黃翔鵬：《中國古代音樂史——分期研究及有關新材料、新問題》，臺北：漢唐樂府，1997 年。

37. 黃翔鵬：《中國人的音樂和音樂學》（音樂文集），濟南：山東文藝出版社，1997 年。

38. 江玉亭、韓溪：《河北地方音樂》（上、下冊），石家莊：河北科學技術出版社，1993 年。

39. 孔德：《外國音樂流傳中國史》，上海：商務印書館，1934 年。

40. 藍玉崧：《中國古代音樂史》，北京：中央音樂學院出版社，2006 年。

41. 黎英海：《漢族調式及其和聲》，上海：上海文藝出版社，1959 年。

42. 李純一：《先秦音樂史》（修訂版），北京：人民音樂出版社，2005 年。

43. 李純一：《中國上古出土樂器綜論》，北京：文物出版社，1996 年。

44. 李宏鋒：《禮崩樂盛——以春秋戰國爲中心的禮樂關係研究》，北京：文化藝術出版社，2009 年。

45. 李玫：《傳統音樂軌範探求》（音樂學文集），北京：北京時代華文書局，2015 年。

46. 李心峰主編：《中華藝術通史》（夏商周卷），北京：北京師範大學出版社，2006 年。

47. 李元慶：《民族音樂問題的探索》（音樂文集），北京：人民音樂出版社，1983 年。

48. 李澤厚：《中國思想史論》，合肥：安徽文藝出版社，1999 年。

49. 劉崇德：《燕樂新說》（修訂本），合肥：黃山書社，2011 年。

50. 劉崇德：《元雜劇樂譜研究與輯譯》（上、下），石家莊：河北教育出版社，2003 年。

51. 劉東升、袁荃猷編：《中國音樂史圖鑑》（修訂版），北京：人民音樂出版社，2008 年。

52. 劉勇：《中國嗩吶藝術研究》，上海：上海音樂學院出版社，2006 年。

53. 劉再生：《中國古代音樂史簡述》（修訂版），北京：人民音樂出版社，2006 年。

54. 劉再生：《中國音樂的歷史形態》（音樂文集），上海：上海音樂學院出版社，2004 年。

55. 洛地：《詞樂曲唱》，北京：人民音樂出版社，1995 年。

56. 洛地：《戲曲與浙江》，杭州：浙江人民出版社，1991 年。

57. 繆天瑞：《律學》（第三次修訂版），北京：人民音樂出版社，1996 年。

58. 繆天瑞：《律學》（修訂本），北京：音樂出版社，1965 年。

59. 漆明鏡：《〈魏氏樂譜〉解析》，上海：上海音樂學院出版社，2011 年。

60. 錢亦平編：《錢仁康音樂文選》，上海：上海音樂出版社，1997 年。

61. 秦惠彬主編：《中國伊斯蘭教基礎知識》，北京：宗教文化出版社，1999 年。

62. 秦序：《中國音樂通史簡明教程》，長春：吉林音像出版社，2001 年。

63. 全國藝術科學「九・五」規劃課題組編著：《刀郎木卡姆的生態與形態研究》，北京：中央音樂學院出版社，2004 年。

64. 上海崑曲研習社研究組編寫：《崑曲曲調》，上海：上海文化出版社，1958 年。

65. 上海音樂學院音樂研究所、安徽省文學藝術研究所合編：《音樂與民族》（民族音樂學〔比較音樂學〕譯叢），1984 年 7 月，內部發行。

66. 沈福偉：《中國與西亞非洲文化交流志》，上海：上海人民出版社，1998 年。

67. 沈福偉：《中西文化交流史》，上海：上海人民出版社，2006 年。

68. 沈浩初：《養正軒琵琶譜》，1929 年印刷發行。

69. 沈浩初編著、林石城整理：《養正軒琵琶譜》，北京：人民音樂出版社，1983 年。

70. 隋樹森編：《元曲選外編》，北京：中華書局，1959 年。

71. 孫繼南、周樹銓主編：《中國音樂通史簡編》，濟南：山東教育出版社，1993 年。

72. 孫玄齡：《元散曲的音樂》（上、下冊），北京：文化藝術出版社，1988 年。

73. 孫英民、李友謀主編：《中國考古學通論》，開封：河南大學出版社，1990 年。

74. 唐山地區群眾藝術館編：《唐山地區嗩吶曲集》，1980 年 6 月，油印本。

75. 童斐：《中樂尋源》，臺北：學藝出版社，1976 年。

76. 王光祈：《王光祈文集》（音樂卷），成都：巴蜀書社，1992 年。

77. 王光祈：《中國音樂史》，桂林：廣西師範大學出版社，2005 年。

78. 王國維：《宋元戲曲史》，上海：上海古籍出版社，1998 年。

79. 王國維：《王國維遺書》，上海：商務印書館，1940 年。

80. 王季烈、劉富梁輯：《集成曲譜》上海：商務印書館，1925 年。

81. 王力：《曲律學》，北京：中國人民大學出版社，2004 年。

82. 吳梅：《顧曲塵談》，北京：中國人民大學出版社，2004 年。

83. 吳曉萍：《中國工尺譜研究》，上海：上海音樂學院出版社，2005 年。

84. 吳釗、劉東升：《中國音樂史略》（增訂本），北京：人民音樂出版社，1993 年。

85. 席臻貫：《敦煌古樂——敦煌樂譜新譯》，蘭州：敦煌文藝出版社，1992 年。

86. 項陽：《山西樂戶研究》，北京：文物出版社，2001 年。

87. 新疆維吾爾自治區文化廳十二木卡姆整理工作組記譜整理：《十二木卡姆》，北京：音樂出版社、民族出版社，1960 年。

88. 楊蔭瀏、曹安和編：《定縣子位村管樂曲集》，上海：萬葉書店，1952 年。

89. 楊蔭瀏、陰法魯：《宋姜白石創作歌曲研究》，北京：人民音樂出版社，1957 年。

90. 楊蔭瀏：《國樂概論》，載中國藝術研究院音樂研究所編《楊蔭瀏全集》（第一冊），南京：江蘇文藝出版社，2009 年。

91. 楊蔭瀏：《陝西的鼓樂社與銅器社》，載中國藝術研究院音樂研究所編《楊蔭瀏全集》（第 6 卷），南京：江蘇文藝出版社，2009 年。

92. 楊蔭瀏：《楊蔭瀏音樂論文選集》，上海：上海文藝出版社，1986 年。

93. 楊蔭瀏：《智化寺京音樂》（一、二、三），載中國藝術研究院音樂研究所編《楊蔭瀏全集》（第 6 卷），南京：江蘇文藝出版社，2009 年。

94. 楊蔭瀏：《中國古代音樂史稿》（上、下冊），北京：人民音樂出版社，1981 年。

95. 楊蔭瀏：《中國音樂史綱》，上海：萬葉書店，1952 年。

96. 葉棟：《敦煌琵琶曲譜》，上海：上海文藝出版社，1986 年。

97. 葉棟：《唐樂古譜譯讀》，上海：上海音樂出版社，2001 年。

98. 余英時：《中國思想傳統及其現代變遷》，桂林：廣西師範大學出版社，

2004 年。

99. 袁靜芳：《中國漢傳佛教音樂文化》，北京：中央民族大學出版社，2003年。

100. 岳珍：《〈碧雞漫志〉校正》，成都：巴蜀書社，2000 年。

101. 張發穎：《中國家樂戲班》，北京：學苑出版社，2002 年。

102. 張振濤：《笙管音位的樂律學研究》，濟南：山東文藝出版社，2002 年。

103. 趙宋光：《論五度相生調式體系》，上海：上海文化出版社，1964 年。

104. 趙宋光：《燕樂二十八調的來龍去脈》，北京：中國音樂研究所，1963年，油印本。

105. 趙宋光：《趙宋光文集》（下冊），廣州：花城出版社，2001 年。

106. 趙爲民：《唐代二十八調理論體系研究》，北京：商務印書館，2006 年。

107. 鄭覲文：《中國音樂史》，上海：大同樂會出版發行，1929 年。

108. 中國大百科全書總編輯委員會、《物理學》編輯委員會：《中國大百科全書》（物理學卷），北京：中國大百科全書出版社，1987 年。

109. 中國大百科全書總編輯委員會《音樂舞蹈》編輯委員會編：《中國大百科全書》（音樂舞蹈卷），北京：中國大百科全書出版社，1989 年。

110. 中國藝術研究院音樂研究所、北京古琴研究會編：《琴曲集成》，北京：中華書局，2010 年。

111. 中國藝術研究院音樂研究所《中國音樂詞典》編輯部編：《中國音樂詞典》，北京：人民音樂出版社，1985 年。

112. 中國藝術研究院音樂研究所編：《北京智化寺京音樂腔譜及成壽寺舊譜》，濟南：山東文藝出版社，1999 年影印。

113. 中國藝術研究院音樂研究所資料室編：《中國音樂書譜志》（增訂本），北京：人民音樂出版社，1994 年。

114. 中央民族學院藝術系文藝理論組編：《〈夢溪筆談〉音樂部份注釋》，北京：人民音樂出版社，1979 年。

115. 周吉：《中國新疆維吾爾木卡姆》，北京：中央音樂學院出版社，2008年。

三、漢譯及外文論著

1. 〔埃及〕薩米·哈菲茲：《阿拉伯音樂史》，北京：人民音樂出版社，1980年。

2. 〔朝鮮〕成俔等：《樂學軌範》，京城帝國大學藏本，京城：古典刊行會，1933 年（昭和八年）發行。

3. 〔德〕R.F.華爾伯特：《在東亞的五弦琵琶》、《九世紀的五弦琵琶》，載牛

津大學學報《亞洲音樂》第 3 期。

4. 〔德〕恩格斯：《反杜林論》，北京：人民出版社，1956 年。

5. 〔德〕赫爾曼：《樂學原理釋義》，錢泥譯，上海：上海音樂出版社，2013 年。

6. 〔美〕E.G.波林：《實驗心理學史》，高覺敷譯，北京：商務印書館，1981 年。

7. 〔美〕郭穎頤：《中國現代思想中的唯科學主義（1900～1950）》，雷頤譯，南京：江蘇人民出版社，1998 年。

8. 〔美〕霍德傑斯：《音樂心理學手冊》，長沙：湖南文藝出版社，2006 年。

9. 〔日〕岸邊成雄：《唐代音樂史的研究》（上、下冊），梁在平、黃志炯譯，臺北：中華書局，1973 年。

10. 〔日〕岸邊成雄：《唐俗樂調研究》，王小盾、秦序譯，北京：中國藝術研究院音樂研究所油印本，1987 年。

11. 〔日〕岸邊成雄：《伊斯蘭音樂》，郎櫻譯，上海：上海文藝出版社，1983 年。

12. 〔日〕林謙三：《東亞樂器考》，錢稻孫譯，北京：人民音樂出版社，1962 年。

13. 〔日〕林謙三：《敦煌琵琶譜的解讀》，收入日本東洋音樂學會編「東洋音樂選書」之《雅樂——鼓樂譜的解讀》，東京：音樂之友社，1969 年。該文中譯本由陳應時譯出，見《中國音樂》1983 年第 2 期。

14. 〔日〕林謙三：《敦煌琵琶譜的解讀研究》，潘懷素譯，上海：上海音樂出版社，1957 年。

15. 〔日〕林謙三：《明樂八調研究》，張虔譯，上海：上海音樂出版社，1957 年。

16. 〔日〕林謙三：《隋唐燕樂調研究》，郭沫若譯，上海：商務印書館，1936 年。

17. 〔日〕林謙三：《正倉院樂器の研究》，東京：風間書房，1964 年。

18. 〔日〕筒井郁景周：《魏氏樂器圖》，日本奎文館刊本傳抄，觀瀾亭藏板，1780 年（安永九年）。

19. 〔日〕魏子明輯：《魏氏樂譜》，日本芸香堂刊本，1768 年。

20. 〔日〕小泉文夫：《日本傳統音樂の研究》，東京：音樂之友社，1977 年。

21. 〔蘇〕斯波索賓：《音樂基本理論》（第 2 版），汪啟璋譯，北京：人民音樂出版社，1958 年。

22. 〔匈〕薩波奇・本采:《旋律史》,司徒幼文譯,北京:人民音樂出版社,1983 年。

23. 〔英〕埃利斯:《論各民族的音階》,方克、孫玄齡據日譯本譯出,北京:中國藝術研究院音樂研究所,1985 年油印本。

24. 〔英〕李約瑟:《中國科學技術史》,何兆武等譯,北京:科學出版社,上海:上海古籍出版社,1990 年。

四、學術論文

1. 陳應時:《「變」和「閏」是「清角」和「清羽」嗎?》,《中央音樂學院學報》1982 年第 2 期。

2. 陳應時:《「變」位於變徵,「閏」位於變宮》,《音樂研究》2002 年第 1 期。

3. 陳應時:《論敦煌曲譜的琵琶定弦》,《廣州音樂學院學報》1983 年第 2 期。

4. 陳應時:《論姜白石詞調歌曲譜的「ㄅ」號》,《南京藝術學院學報(音樂與表演版)》1982 年第 2 期)

5. 陳應時:《宋代俗字譜研究》,《南京藝術學院學報(音樂與表演版)》1983 年第 3 期。

6. 陳應時:《唐宋燕樂角調考釋》,《廣州音樂學院學報》1983 年第 1 期。

7. 陳應時:《燕樂二十八調爲何止「七宮」》,《交響》1986 年第 3 期。

8. 陳應時:《再談「變」和「閏」》,《音樂藝術》1987 年第 1 期。

9. 陳應時:《中國傳統音樂基本理論》,《音樂藝術》1995 年第 1 期。

10. 丁承運:《古瑟調弦與旋宮法鈎沉》,《音樂研究》2002 年第 4 期。

11. 馮俊傑:《金〈昌寧公廟碑〉及其所言「樂舞戲」考略》,《文藝研究》1999 年第 5 期。

12. 馮文慈:《漢族音階調式的歷史記載和當前實際──維護音階調式思維的傳統特點》,《中央音樂學院學報》1981 年第 3 期。

13. 傅雪漪:《罕見的戲曲音樂太古傳宗琵琶調》,《中國音樂》1984 年第 3 期。

14. 郭沫若:《扶風齊家村器群銘文匯釋》,載陝西省博物館、陝西省文物管理委員會編《扶風齊家村青銅器群》,北京:文物出版社,1963 年。

15. 韓寶強:《論陝西民間音樂的律制》,《音樂學習與研究》1985 年第 2 期。

16. 韓寶強:《音樂家的音準感──與律學有關的聽覺心理研究》,《中國音樂學》1992 年第 3 期。

17. 黃翔鵬:《「中國傳統音樂的采風與心得」專欄前言》,《中國音樂》1990

年第 3 期。

18. 黃翔鵬：《〈新定九宮大成南北詞宮譜簡譜示意本〉題記》，《中國音樂學》1998 年第 3 期。

19. 黃翔鵬：《不同樂種的工尺譜調首辨別問題》，《民族民間音樂》1986 年第 2 期。

20. 黃翔鵬：《曾侯乙鍾磬銘文樂學體系初探》，《音樂研究》1981 年第 1 期。

21. 黃翔鵬：《傳統樂種召喚著研究工作》，載《長安古樂譜》，西安：三秦出版社，1991 年。

22. 黃翔鵬：《東方人的耳朵——〈絜爾絜爾中指與阿拉伯律制辨疑〉小引》，載黃翔鵬音樂文集《樂問》，北京：中央音樂學院學報社，2000 年。

23. 黃翔鵬：《二人臺音樂中埋藏著的珍寶》，《中國音樂學》1997 年第 3 期。

24. 黃翔鵬：《兩宋胡夷里巷遺音初探》，《中國文化》1991 年第 4 期。

25. 黃翔鵬：《論中國傳統音樂的保存和發展》，《中國音樂學》1987 年第 4 期。

26. 黃翔鵬：《律學與樂學》（上、中、下），《中國音樂學》2012 年第 1~3 期。

27. 黃翔鵬：《民間器樂曲實例分析與宮調定性》，《中國音樂學》1995 年第 3 期。

28. 黃翔鵬：《明末清樂歌曲八首》，《黃鍾》1987 年第 4 期。

29. 黃翔鵬：《七律定均，五聲定宮》，《中央音樂學院學報》1994 年第 3 期。

30. 黃翔鵬：《社會生活、歷史源流與律、調、譜、器》，李石根《西安鼓樂全書·序言》，北京：文化藝術出版社，2009 年。

31. 黃翔鵬：《試從北轍覓南轅——絃管樂調歷史之謎的猜測》，載《中國人的音樂和音樂學》，濟南：山東文藝出版社，年。

32. 黃翔鵬：《唐燕樂四宮問題的實踐意義——楊蔭瀏〈中國古代音樂史稿〉學習札記》，《中央音樂學院學報》1982 年第 2 期。

33. 黃翔鵬：《舞陽賈湖骨笛的測音研究》，《文物》1989 年第 1 期。

34. 黃翔鵬：《新石器和青銅時代的已知音響資料與我國音階發展史問題》（上、下），《音樂論叢》1978 年第 1 輯、1980 年第 3 輯。

35. 黃翔鵬：《楊蔭瀏先生和中國的民族音樂學》，《音樂學習與研究》1985 年第 3 期。

36. 黃翔鵬：《怎樣確認〈九宮大成〉元散曲中仍存真元之聲》，《戲曲藝術》1994 年第 4 期。

37. 黃翔鵬：《中國傳統音樂的高文化特點及其兩例古譜》，《音樂研究》1991 年第 4 期。

38. 黃翔鵬：《中國傳統音調的數理邏輯》，《中國音樂學》1996 年第 3 期。

39. 李葆嘉：《方以智撰刊〈通雅〉年代考述》，《辭書研究》1991 年第 4 期。

40. 李純一：《曾侯乙墓編鍾的編次和樂懸》，《音樂研究》1985 年第 2 期。

41. 李純一：《漢瑟和楚瑟調弦的探索》，《考古》1974 年第 1 期。

42. 李宏鋒：《「笛色譜字調定位尺」小考》，《民族藝術研究》2015 年第 1 期。

43. 李宏鋒：《〈瑟譜・詩新譜〉的宮調應用特點》，《浙江藝術職業學院學報》2016 年第 14 卷第 1 期。

44. 李宏鋒：《曾侯乙墓出土應律樂器的音列組合特徵——兼談上層鈕鍾編列及其與中下層甬鍾音列的關係》，英文版載於 *Studienzur Musikarchäologie IX*，Verlag Marie Leidorf GmbH. Rahden/Westf., 2014；中文譯本收入中國藝術研究院音樂研究所編《薪傳代繼——中國藝術研究院音樂研究所學術文集》，北京：文化藝術出版社，2014 年。

45. 李宏鋒：《從「心理－物理關係」角度對律學研究若干問題的思考》，《南京藝術學院學報（音樂與表演版）》2013 年第 1 期

46. 李宏鋒：《從敦煌樂譜及其它唐樂古譜譯解看唐俗樂調的若干問題》，《交響》2013 年第 4 期。

47. 李宏鋒：《明代音樂圖譜所見工尺唱名體系初探》，《星海音樂學院學報》2012 年第 3 期。

48. 李宏鋒：《明清戲曲傳承中工尺譜的作用及首調唱名法的確立》，《星海音樂學院學報》2014 年第 1 期。

49. 李宏鋒：《判天地之美，析萬物之理——論律學研究在音樂遺產保護中的作用》，載田青、秦序主編《音樂類非物質文化遺產保護國際學術研討會論文集》，北京：文化藝術出版社，2009 年。

50. 李宏鋒：《清代工尺七調系統的豐富發展與多類型並存》，《星海音樂學院學報》2016 年第 2 期。

51. 李宏鋒：《唐宋俗樂二十八調的管色實踐基礎》，《南京藝術學院學報（音樂與表演版）》2015 年第 2 期。

52. 李宏鋒：《王光祈比較音樂史學思想對中國學界的影響——兼及比較音樂史學科方法論的幾個問題》，《音樂探索》2012 年第 2 期。

53. 李宏鋒：《伊斯蘭音樂傳播對變體燕樂音階的若干影響》，《音樂傳播》2014 年第 1 期。

54. 李宏鋒：《元雜劇宮調的實踐基礎與樂學內涵》（上、下），《中國音樂》2016 年第 1、2 期。

55. 李宏鋒：《智化寺京音樂四調名義考》，《音樂研究》2016 年第 2 期。

56. 李來璋：《七宮還原》，《中國音樂學》1991 年第 2 期。

57. 李來璋：《談工尺譜及其特點》，《中國音樂》1988 年第 3 期。

58. 李玫：《工尺譜記譜系統從固定到可動的演變》，《中國音樂學》2012 年第 1 期。

59. 李民雄：《我國民間應用的基調固定唱名法》，《交響》1984 年第 4 期。

60. 李元慶：《管子研究》，載李元慶《民族音樂問題的探索》（音樂文集），北京：人民音樂出版社，1983 年。

61. 林石城：《一份珍貴的琵琶古譜〈高和江東〉》，《中央音樂學院學報》1981 年第 4 期。

62. 劉勇：《二十八調遐想》，《音樂藝術》2012 年第 3 期。

63. 路應昆：《黃翔鵬先生譯〔鞠紅〕》，《中國音樂學》1998 年第 3 期。

64. 呂建強：《「燕樂二十八調」是四宮還是七宮》，《中央音樂學院學報》1993 年第 4 期。

65. 孟航：《中國穆斯林人口分佈格局淺析》，《西北民族研究》2004 年第 4 期。

66. 錢仁康：《〈魏氏樂譜〉考析》，《音樂藝術》1989 年第 4 期。

67. 秦序、李宏鋒：《中國古代樂律實踐中的智慧閃光——「陰陽旋宮法」實踐與理論初探》，《音樂研究》2012 年第 4 期。

68. 饒宗頤：《敦煌琵琶譜寫卷原本之考察》，《音樂藝術》1990 年第 4 期。

69. 榮慧蕎：《北方五省嗩吶調名的考察與研究》，中央音樂學院碩士學位論文，2012 年。

70. 宋瑞橋：《論子母調與姑舅兄弟調》，《中國人民大學學報》1990 年第 1 期。

71. 孫玄齡：《近代北曲各宮調所用調高》，《音樂研究》1987 年第 3 期。

72. 譚維四、馮光生：《關於曾侯乙墓編鍾鈕鍾音樂性能的淺見——兼與王湘同志商榷》，《音樂研究》1981 年第 1 期。

73. 陶雅：《二人臺「梅」竹笛之關係探究》，東北師範大學碩士論文，2013 年。

74. 王德塤：《熊朋來〈瑟譜〉研究》，《黃鍾》1998 年第 4 期。

75. 王杰：《鼓吹樂述略》，《中國民族民間器樂曲集成》（河北卷），北京：中國 ISBN 中心，1997 年。

76. 王湘：《曾侯乙墓編鍾音律的探討》，《音樂研究》1981 年第 1 期。

77. 吳志武：《〈九宮大成〉宮調與燕樂二十八調之關係》，《音樂研究》2008 年第 2 期。

78. 吳志武：《南北曲音階體制與〈九宮大成〉的音階形態研究》，《交響》

2009 年第 4 期。

79. 夏野：《中國古代音階、調式的發展和演變》，《音樂學叢刊》（第 1 輯），
    北京：文化藝術出版社，1981 年。

80. 蕭舒文：《馮子存笛曲與二人臺音樂關係的調查與研究》，中國音樂學院
    碩士學位論文，2004 年。

81. 徐榮坤：《唐燕樂五音輪二十八調猶今民間之「五調朝元」、「七宮還原」
    也——關於唐燕樂二十八調問題的若干新解》，《中國音樂學》1996 年第
    1 期。

82. 徐元勇：《〈魏氏樂譜〉研究》，《中國音樂學》2001 年第 1 期。

83. 延保全：《山西蒲縣宋雜劇石刻的新發現與河東地區宋雜劇的流行》，《文
    學前沿》2000 年第 1 期。

84. 楊久盛：《遼寧嗩吶傳統調名考釋》，《樂府新聲》1992 年第 3 期。

85. 楊善武：《姜白石詞調歌曲的解譯問題》，《音樂研究》2012 年第 6 期。

86. 楊蔭瀏：《工尺譜的翻譯問題》，載《民族音樂研究論文集》（第一集），
    北京：音樂出版社，1956 年。

87. 楊蔭瀏：《三律考》，《音樂研究》1982 年第 1 期。

88. 楊蔭瀏：《寫給學習吹奏簫笛的同志們》，《新音樂叢刊》第 9 卷第 4 期。

89. 楊蔭瀏：《中國音樂史上新舊音階的相互影響》，《中原》1945 年第 2 卷
    第 2 期。

90. 尹維鶴：《麂探》，《樂器》1984 年第 1 期。

91. 應有勤、林有仁、孫克仁、夏雲飛：《驗證〈敦煌曲譜〉爲唐琵琶譜》，
    《音樂藝術》1983 年第 1 期。

92. 于韻菲：《也談諸宮調的宮調》，《音樂研究》2014 年第 4 期。

93. 曾憲通：《曾侯乙編鍾標音銘與樂律銘綜析》，載《曾憲通學術文集》，汕
    頭：汕頭大學出版社，2002 年。

94. 張前：《〈魏氏樂譜〉與明代的中日音樂交流》，《中央音樂學院學報》1998
    年第 1 期。

95. 張前：《藤原貞敏考》，《中國音樂學》1997 年第 2 期。

96. 趙松庭：《橫笛的頻率計算與應用》，《樂器科技簡訊》1973 年第 2 期。

97. 趙玉卿：《姜白石俗字譜歌曲研究》，上海音樂學院博士學位論文，2010
    年。

98. 鄭榮達：《工尺七調別論》，《黃鍾》2003 年第 3 期。

99. 鄭榮達：《明清宮調之研究》，《中國音樂》2007 年第 4 期。

100. 鄭榮達：《唐代俗樂律調體系的形成》，《文化藝術研究》2009 年第 6 期。

101. 鄭榮達：《西安鼓樂調的猜想》，《中國音樂學》2004 年第 1 期。

102. 鄭祖襄：《宋元燕樂調煞聲問題初探》，《中央音樂學院學報》1996 年第 3 期。

103. 鄭祖襄：《宋元雜劇伴奏樂器及其宮調問題研究》，《中央音樂學院學報》2004 年第 3 期。

104. 中國藝術研究院音樂研究所、新疆藝術研究所：《「新疆維吾爾族音樂樂律和調式問題討論會」測音工作報告》，《新疆藝術》1986 年第 5 期。

105. 周吉：《關於古絲路音樂研究工作的幾點思考》，《交響》1986 年第 2 期。

後　記

　　本書是筆者主持完成的國家社會科學基金藝術學青年項目「宋以來宮調
理論變遷及其與音樂實踐的關係」課題成果。該課題於 2010 年批准立項，原
計劃 2013 年結項，但由於選題時間跨度較大、涉及範圍較廣，更因筆者學識
能力有限，遲至 2015 年底才基本完成。在課題進行的五年時間裏，隨著研究
的逐漸深入，筆者在綜合考察文獻、文物和傳統音樂遺存等基礎上，不斷獲
得新材料、發現新問題，所涉論題亦進一步拓展——以各時代音樂實踐中宮
調體系的「名實關係」爲切入點，在唐宋俗樂二十八調的基本結構、實踐基
礎、歷史淵源，宋元音樂實踐中宮調理論的應用轉化與他種文化對中原傳統
宮調結構的影響，明代俗樂宮調和工尺調名體系特徵，清代工尺唱名調名體
系衍變與實踐應用等方面，取得了一定的階段性認知。

　　唐宋以來傳統宮調理論的演變，大致經歷了如下階段：唐代俗樂二十八
調體系定型並廣泛應用、宋代宮調理論獲得系統化整理、元代俗樂實踐對宮
調體系擷取應用、明代正宮調工尺調名系統確立、清代工尺調名向小工調系
統和乙字調系統轉換並衍生出多種工尺七調命名方式，各時期兼有前代宮調
體系遺存與使用。歷代不同階段的宮調轉型中，始終貫穿一條制約理論變遷
的主線，即「管色實踐、陰陽旋宮」。這一主線自先秦萌芽以來影響深遠，經唐
宋音樂實踐的廣泛應用和系統整合，成爲統一宋以來宮調形態的重要物質基
礎。北宋陳暘在《樂書》中曾引唐人李沖之語曰：「管有一定之聲，弦多舒緩之
變。故捨旋宮琵琶，製旋宮雙管。法雖存於簡易，道實究於精微矣。」〔註1〕

〔註 1〕　〔宋〕陳暘：《樂書》卷一百四十八「雙管、黃鍾管、大呂管」條，清光緒丙
　　　　　子春（1876 年）刊本。

其中提到的「旋宮雙管」簡易之法，確實是歷代「旋宮之道」變易的重要載體。宋、元、明、清各時期宮調理論的轉型與變遷，就建立在音樂實踐尤其是管色樂器旋宮和主流音樂風尚影響的堅實基礎之上。

《易‧繫辭上》曰：「形而上者謂之道，形而下者謂之器。」明末清初思想家王夫之（1619～1692 年）深入闡發此意，提出「天下惟器而已矣；道者，器之道」的著名論斷，甚至明確指出「未有弓體璧幣、鍾磬管絃而無禮樂之道……故無其器則無其道」〔註2〕。本課題研究所取方法論視角，與船山先生的道器關係論正相契合，其論完全可視爲對歷代宮調理論變遷與音樂實踐關係的恰切概括。基於這種考慮，筆者特以「道易惟器」四字作爲本著正題，凸顯包括樂器（器樂）在內的音樂實踐對宮調理論變遷的決定性意義。宮調理論一以貫之的發展脈絡，不由讓人感歎中華樂學的悠久傳統和頑強生命力。在傳承至今蘊含深厚的傳統音樂遺產中，這些歷史上曾經產生重大影響的宮調理論，依然以其「層累」存在折射出古代音樂的流風餘韻。以歷代宮調理論變遷爲基礎，立足傳統、考鏡源流，或可爲民族音樂形態的歷史與現狀研究提供若干參考。

需要說明的是，鑒於國家社科基金藝術學項目的管理規定和相關考核要求，本研究部份內容已在近年課題進程中，陸續發表於各音樂期刊和學術論文集。本書此次出版，也是這些「階段成果」在課題總體理念下的有機整合。其中一些文稿在編入本書時，做了適當調整、修改和補訂。茲將本課題相關文稿列記於此，以備查考：

《明代音樂圖譜所見工尺唱名體系初探》，載於《星海音樂學院學報》2012 年第 3 期。

《中國古代樂律實踐中的智慧閃光——「陰陽旋宮法」實踐與理論初探》（與秦序先生合著），載於《音樂研究》2012 年第 4 期。

《從「敦煌樂譜」及其它唐樂古譜譯解看唐俗樂調的若干問題》，載於《交響》2013 年第 4 期。

《伊斯蘭音樂傳播對變體燕樂音階的若干影響》，載於《音樂傳播》2014 年第 1 期。

《明清戲曲傳承中工尺譜的作用及首調唱名法的確立》，載於

〔註2〕 〔明〕王夫之：《周易外傳》卷五，載《船山全書》（第 1 冊），長沙：嶽麓書社，2011 年，第 1027、1028 頁。

《星海音樂學院學報》2014 年第 1 期。

　　《曾侯乙墓出土應律樂器的音列組合特徵——兼談上層鈕鍾編列及其與中下層甬鍾音列的關係》，載於《薪傳代繼——中國藝術研究院音樂研究所學術文集》，北京：文化藝術出版社，2014 年。此文英文版由作者本人翻譯，題爲：Features of Combinatorial Tone Series of the Musical Instruments with Definite Temperament Unearthed from the Marquis Yi Tomb. Discussion of the Relationship Between the Tone Series Combination of Niu and Yong Bells，載於 *Studien zur Musikarchäologie* IX，Verlag Marie Leidorf GmbH Rahden/Westf., 2014。

　　《「笛色譜字調定位尺」小考》，載於《民族藝術研究》2015 年第 1 期。

　　《唐宋俗樂二十八調的管色實踐基礎》，載於《南京藝術學院學報（音樂與表演版）》2015 年第 2 期。

　　《元雜劇宮調的實踐基礎與樂學内涵》（上、下），載於《中國音樂》2016 年第 1、2 期。

　　《〈瑟譜・詩新譜〉的宮調應用特點》，載於《浙江藝術職業學院學報》2016 年第 14 卷第 1 期。

　　《智化寺京音樂四調名義考》，載於《音樂研究》2016 年第 2 期。

　　《清代工尺七調系統的豐富發展與多類型並存》，載於《星海音樂學院學報》2016 年第 2 期。

本課題開展以來，得到諸多師長和學友的教誨和幫助。感謝恩師秦序先生百忙中爲本書賜「序」，每當研究中遇到困惑向先生求教，秦先生都能以他睿智的見解爲筆者開啓思路，如沐春風，柳暗花明。感謝音樂研究所田青研究員、崔憲研究員、張振濤研究員、項陽研究員、李玫研究員等諸位師長多年來的教導關愛，從本課題最初選題到研究中方法論運用，以致對筆者學術路徑的方向性引領，諸位先生都給予熱情扶植並提出中肯建議，讓筆者在傳統音樂求索之路上堅定信心。筆者還要特別感謝參加本課題成果鑒定的各位專家，他們是：上海音樂學院的陳應時教授、天津音樂學院的郭樹群教授和方建軍教授，中國音樂學院的趙爲民教授和傅利民教授。諸位專家評審過程

中惠賜的寶貴建議和對晚輩的熱情鼓勵，是筆者未來深化該領域研究的重要指導和巨大動力。書稿完成後，蒙臺灣花木蘭文化出版社高小娟女士、楊嘉樂女士和諸位老師抬愛，使拙著能夠列入「古代歷史文化研究輯刊」出版計劃，對他們高效務實的工作和以傳播中華文化為己任的學術情懷，筆者在此一併致謝。

傳統樂律學理論博大精深。音樂研究所老所長黃翔鵬先生在其遺作《樂問》中，曾臚列有關傳統音樂歷史形態的一百個問題。這些閃爍著智慧之光的洞見，為後人深入研討提供了重要啟示。筆者在這裡，要對以楊蔭瀏、繆天瑞、黃翔鵬、李純一等先生為代表的老一輩學者開創的音樂研究所寶貴的學術傳統，致以深深的敬意。音研所學者半個多世紀的資料建設和學術積累，以及前輩學人提出並踐行的「繫古今、辨名實、重實踐」的治學理念，是後輩拾階而上的重要理論基石。拙著對唐宋來若干宮調變遷問題的探討，更多是學習前輩成果的點滴體悟；如果個別論點對樂律學研究或有證偽價值，那將是筆者寫作莫大的欣慰。

總體而言，本研究更多是音樂史學性質的探索，即通過對相關史料的挖掘整理，呈現宋以來主流宮調理論的體系化傳承與變遷，基本屬於馮友蘭先生所說的「照著講」範疇。筆者認為，未來傳統宮調理論研究的深化發展，除進一步關注歷史、探求古樂真相之外，還要以歷史研究為基點，將對象拓展至現存傳統音樂的譜式特徵、音律體系、宮調系統、旋法形態、樂曲結構等，關注其與特定歷史階段音樂形態的內在聯繫，承續古代樂律理論和前輩學者未盡的思考「接著講」，為最終實現構建中華音樂文明理論體系這一宏偉目標添磚加瓦。

學力水平所限，書中疏漏錯謬處，懇請廣大師友賜教，以便改正完善。

著　者　謹識
2016 年盛夏
於京東杯水齋